2022

企业研发活动情况统计年鉴

国家统计局社会科技和文化产业统计司 编

图书在版编目（CIP）数据

企业研发活动情况统计年鉴. 2022 / 国家统计局社会科技和文化产业统计司编. -- 北京 : 中国统计出版社, 2022.11
ISBN 978-7-5230-0003-8

Ⅰ. ①企… Ⅱ. ①国… Ⅲ. ①企业－技术开发－统计资料－中国－2022－年鉴 Ⅳ. ①F279.23-54

中国版本图书馆 CIP 数据核字(2022)第 206058 号

企业研发活动情况统计年鉴 2022

作　　者/国家统计局社会科技和文化产业统计司
责任编辑/李　冲
执行编辑/张　怡
封面设计/李雪燕　张　冰
出版发行/中国统计出版社有限公司
地　　址/北京市丰台区西三环南路甲 6 号　邮政编码/100073
电　　话/邮购（010）63376909　书店（010）68783171
网　　址/ http://www.zgtjcbs.com
印　　刷/北京捷迅佳彩印刷有限公司
经　　销/新华书店
开　　本/890mm×1240mm　1/16
字　　数/360 千字
印　　张/15
版　　别/2022 年 11 月第 1 版
版　　次/2022 年 11 月第 1 次印刷
定　　价/280.00 元

《企业研发活动情况统计年鉴 2022》编委会、编辑工作人员

编 委 会

主　　任：万东华

副 主 任：关晓静

委　　员：李　胤　张启龙

编 辑 部

总 编 辑：万东华

副总编辑：关晓静

编辑人员：李　胤　张启龙　林　梅　罗秋实　夏　爽
焦智康　魏　臻　陈律涛　汪　泱　柴　桦

责任编辑：李　冲

执行编辑：焦智康　柴　桦

编者说明

《企业研发活动情况统计年鉴 2022》收录了全国及 31 个省、自治区、直辖市 2021 年规模以上全部企业和工业企业研发活动主要统计数据，是一部较为全面反映我国企业研发活动开展情况的统计资料书。

本书分为两个部分，分别为工业企业研发活动情况和非工业企业研发活动情况，具体包括企业 R&D 及相关活动主要指标、企业基本情况、R&D 人员情况、R&D 经费情况、企业办研发机构情况、新产品开发及销售情况、自主知识产权及相关情况、政府相关政策落实情况、技术获取和技术改造情况等。书后附有主要统计指标解释。

本年鉴所涉及的全国性统计数据，均未包括香港、澳门特别行政区和台湾省数据。

本书数据的年份为 2021 年；数据口径为规模以上采矿业，制造业，电力、热力、燃气及水生产和供应业法人单位；特、一级总承包、专业承包建筑业法人单位；规模以上交通运输、仓储和邮政业，信息传输、软件和信息技术服务业，租赁和商务服务业，科学研究和技术服务业，水利、环境和公共设施管理业，卫生和社会工作，文化、体育和娱乐业等法人单位。按地区分组中，东部地区包括北京、天津、河北、上海、江苏、浙江、福建、山东、广东和海南 10 个省市；中部地区包括山西、安徽、江西、河南、湖北和湖南 6 个省；西部地区包括内蒙古、广西、重庆、四川、贵州、云南、西藏、陕西、甘肃、青海、宁夏和新疆 12 个省区市；东北地区包括辽宁、吉林和黑龙江 3 个省。

书中因小数取舍而产生的误差均未作配平调整；各表中的“空格”表示该项统计指标数据不足本表最小单位数、数据不详或无该项数据；“#”表示其中的主要项。

编者说明

目　　录

第一部分　全部企业研发活动情况

第二部分　工业企业研发活动情况

一、工业企业 R&D 及相关活动主要指标（2021）

二、工业企业基本情况（2021）

三、工业企业 R&D 人员情况（2021）

四、工业企业 R&D 经费支出情况（2021）

五、工业企业办研发机构情况（2021）

六、工业企业新产品开发及销售情况（2021）

七、工业企业自主知识产权及相关情况（2021）

八、工业企业政府相关政策落实情况（2021）

九、工业企业技术获取和技术改造情况（2021）

第一部分

全部企业研发活动情况

1-1-1 全部企业R&D及相关活动主要指标

主 要 指 标	单位	2016	2017	2018	2019	2020	2021
企业基本情况							
#有R&D活动的企业	个	90770	107262	110153	142078	162394	185848
#有研发机构的企业	个	64075	73805	76167	93903	104003	120148
R&D人员情况							
R&D人员	人	4318578	4614016	4890535	5164697	5592171	6458969
#女性	人	959373	1028908	1089799	1136843	1249796	1444591
#研究人员	人	1488348	1540673	1619860	1711818	1834041	1998054
#全时人员	人	3116974	3417661	3649517	3847403	4179577	4596754
R&D人员折合全时当量	人年	3003988	3111716	3416687	3660340	4052285	4455777
R&D经费情况							
R&D经费内部支出	万元	121308841	136471529	152206491	167423221	183572243	211306182
按支出用途分							
1.日常性支出	万元	108700759	123224279	138345763	155926890	170611657	197948986
#人员劳务费	万元	38986723	43720206	50382912	56325521	66955577	73658636
2.资产性支出	万元	12608082	13247250	13860728	11496332	12960586	13357197
#仪器和设备	万元	12349535	12999449	13573083	11131011	12667219	12957989
按资金来源分							
政府资金	万元	4479930	4680197	4895421	6410575	5236310	6214206
企业资金	万元	114863810	129712690	145492254	155540858	177255598	204453809
境外资金	万元	927635	1025580	599620	156413	796859	475033
其他资金	万元	1037466	1053062	1219195	261371	283477	163134
R&D经费外部支出	万元	7152926	8530258	11507901	8946378	15188069	19233623
#对境内研究机构支出	万元	3066874	2865381	3763251	3517068	3734568	4432741
对境内高等学校支出	万元	767186	783759	734187	694019	773318	913070
对境外支出	万元	906948	1168068	1279243	1290710	1698161	1828020
企业办研发机构情况							
机构数	个	76740	87660	88503	106510	117710	134721
机构人员数	人	3236739	3720577	3738040	4275275	4690661	5241987
#博士	人	54138	59215	53779	58306	60337	68748
硕士	人	422773	481106	486292	546626	593986	673989
机构经费支出	万元	84520869	102263663	121573913	154587761	175926459	219593653
仪器和设备原价	万元	79235810	96835267	89409407	106910291	113736155	135180386
自主知识产权及相关情况							
专利申请数	件	832538	955749	1132666	1333090	1589424	1809485
#发明专利	件	351597	398322	472328	547673	636905	720479
有效发明专利数	件	894750	1082392	1310103	1542007	1832645	2173424
政府相关政策落实情况							
研究开发费用加计扣除减免税	万元	6103049	7063730	11014846	18723180	24219066	28294855
高新技术企业减免税	万元	10094209	13053423	15139891	18441424	21615919	31129760

1-2-1 分登记注册类型全部企业基本情况

单位：个

登记注册类型	有R&D活动	有研发机构
合　计	**185848**	**120148**
内资企业	**168009**	**107355**
国有企业	1150	605
集体企业	152	70
股份合作企业	252	135
联营企业	31	21
国有联营企业	12	8
国有与集体联营企业	9	7
其他联营企业	8	4
有限责任公司	28797	17607
国有独资公司	2294	1174
其他有限责任公司	26503	16433
股份有限公司	6455	4642
私营企业	131142	84254
私营独资企业	1880	941
私营合伙企业	287	146
私营有限责任公司	119268	75876
私营股份有限公司	9707	7291
其他企业	30	21
港、澳、台商投资企业	**8414**	**6595**
合资经营企业	2744	1966
合作经营企业	85	67
港、澳、台商独资经营企业	4997	4085
港、澳、台商投资股份有限公司	492	408
其他港、澳、台投资企业	96	69
外商投资企业	**9425**	**6198**
中外合资经营企业	3486	2240
中外合作经营企业	97	52
外资企业	5326	3546
外商投资股份有限公司	436	299
其他外商投资企业	80	61

1-2-2　分行业全部企业基本情况

单位：个

行　　业	有R&D活动	有研发机构
合　计	**185848**	**120148**
采矿业	**1584**	**747**
煤炭开采和洗选业	509	247
石油和天然气开采业	56	32
黑色金属矿采选业	188	70
有色金属矿采选业	238	100
非金属矿采选业	551	273
开采及其他辅助性活动	41	25
制造业	**165664**	**107017**
农副食品加工业	6046	3047
食品制造业	3236	1851
酒、饮料和精制茶制造业	1396	863
烟草制品业	78	63
纺织业	6598	4169
纺织服装、服饰业	2731	1607
皮革、毛皮、羽毛及其制品和制鞋业	2511	1369
木材加工和木、竹、藤、棕、草制品业	2291	1053
家具制造业	2229	1529
造纸和纸制品业	2114	1456
印刷和记录媒介复制业	2112	1468
文教、工美、体育和娱乐用品制造业	3434	2123
石油加工、炼焦和核燃料加工业	688	365
化学原料和化学制品制造业	10936	7036
医药制造业	5209	3284
化学纤维制造业	1000	596
橡胶和塑料制品业	9201	6397
非金属矿物制品业	12082	6623
黑色金属冶炼和压延加工业	1655	1004
有色金属冶炼和压延加工业	3262	1933
金属制品业	11508	7640
通用设备制造业	16000	9991
专用设备制造业	13345	8581
汽车制造业	8160	5060
铁路、船舶、航空航天和其他运输设备制造业	2790	1644
电气机械和器材制造业	15707	11553
计算机、通信和其他电子设备制造业	13824	11106
仪器仪表制造业	3819	2556
其他制造业	773	532
废弃资源综合利用业	742	427
金属制品、机械和设备修理业	187	91

1-2-2 续表

单位：个

行　业	有R&D活动	有研发机构
电力、热力、燃气及水生产和供应业	**1976**	**903**
电力、热力生产和供应业	1258	540
燃气生产和供应业	304	152
水的生产和供应业	414	211
建筑业	**2615**	**1972**
房屋建筑业	1080	862
土木工程建筑业	904	663
建筑安装业	310	199
建筑装饰、装修和其他建筑业	321	248
交通运输、仓储和邮政业	**533**	**288**
铁路运输业	18	3
道路运输业	265	151
水上运输业	63	19
航空运输业	15	8
管道运输业	12	2
多式联运和运输代理业	59	55
装卸搬运和仓储业	89	45
邮政业	12	5
信息传输、软件和信息技术服务业	**5063**	**4773**
电信、广播电视和卫星传输服务	235	136
互联网和相关服务	819	590
软件和信息技术服务业	4009	4047
租赁和商务服务业	**797**	**469**
租赁业	69	52
商务服务业	728	417
科学研究和技术服务业	**6502**	**3380**
研究和试验发展	1239	567
专业技术服务业	4406	2430
科技推广和应用服务业	857	383
水利、环境和公共设施管理业	**485**	**293**
水利管理业	14	5
生态保护和环境治理业	283	167
公共设施管理业	172	116
土地管理业	16	5
卫生和社会工作	**331**	**172**
卫生	326	170
社会工作	5	2
文化、体育和娱乐业	**222**	**97**
新闻和出版业	35	14
广播、电视、电影和影视录音制作业	67	28
文化艺术业	42	18
体育	11	3
娱乐业	67	34

1-2-3 各地区全部企业基本情况

单位：个

地 区	有R&D活动	有研发机构
全 国	**185848**	**120148**
东部地区	123126	87814
中部地区	41014	24269
西部地区	18003	7129
东北地区	3705	936
北 京	2791	889
天 津	2093	667
河 北	4200	2563
山 西	1100	1496
内蒙古	542	153
辽 宁	2461	544
吉 林	486	167
黑龙江	758	225
上 海	3984	1177
江 苏	29045	17288
浙 江	27066	21264
安 徽	8430	6337
福 建	7714	2259
江 西	6339	5317
山 东	16879	6955
河 南	6974	3106
湖 北	7354	4906
湖 南	10817	3107
广 东	29155	34681
广 西	1566	708
海 南	199	71
重 庆	3766	1955
四 川	5475	2052
贵 州	1757	506
云 南	1425	550
西 藏	18	5
陕 西	1814	644
甘 肃	547	164
青 海	115	30
宁 夏	606	222
新 疆	372	140

1-3-1 分登记注册类型全部企业R&D人员情况

登记注册类型	R&D人员（人）	#女性	#研究人员	R&D人员折合全时当量（人年）
合　计	**6458969**	**1444591**	**1998054**	**4455777**
内资企业	**5309204**	**1158570**	**1639330**	**3630840**
国有企业	93813	20115	41904	58333
集体企业	4141	920	1114	3051
股份合作企业	4668	1057	943	3279
联营企业	1013	217	403	506
国有联营企业	603	104	253	279
集体联营企业	48	10	17	24
国有与集体联营企业	170	34	63	76
其他联营企业	192	69	70	127
有限责任公司	1674174	338545	618011	1136520
国有独资公司	215243	38863	97690	132936
其他有限责任公司	1458931	299682	520321	1003584
股份有限公司	677837	152677	266675	461994
私营企业	2849129	644206	708324	1965267
私营独资企业	22403	5078	5605	14170
私营合伙企业	3459	742	822	2111
私营有限责任公司	2439934	552391	585962	1677548
私营股份有限公司	383333	85995	115935	271438
其他企业	4429	833	1956	1889
港、澳、台商投资企业	**572120**	**143419**	**169257**	**422834**
合资经营企业	158026	36317	43314	115966
合作经营企业	3863	701	767	2422
港、澳、台商独资经营企业	337320	90043	98528	252485
港、澳、台商投资股份有限公司	68369	15425	25339	49086
其他港、澳、台投资企业	4542	933	1309	2874
外商投资企业	**577645**	**142602**	**189467**	**402104**
中外合资经营企业	209954	46668	73900	146361
中外合作经营企业	5466	939	1300	3164
外资企业	305673	79289	92491	215149
外商投资股份有限公司	52387	14590	20201	34927
其他外商投资企业	4165	1116	1575	2503

1-3-2 分行业全部企业R&D人员情况

行业	R&D人员（人）	#女性	#研究人员	R&D人员折合全时当量（人年）
合计	**6458969**	**1444591**	**1998054**	**4455777**
采矿业	**143059**	**17572**	**47983**	**77177**
煤炭开采和洗选业	75066	3190	20124	37372
石油和天然气开采业	27232	8407	14140	16650
黑色金属矿采选业	7444	890	1867	4511
有色金属矿采选业	10872	1183	2971	7042
非金属矿采选业	9068	1567	2137	6172
开采及其他辅助性活动	13283	2309	6728	5426
其他采矿业	94	26	16	4
制造业	**5341902**	**1205271**	**1497890**	**3708626**
农副食品加工业	102794	31265	24907	65454
食品制造业	80602	29754	19871	51406
酒、饮料和精制茶制造业	37255	10695	9998	21245
烟草制品业	6144	1634	2723	3597
纺织业	159697	58449	25670	107400
纺织服装、服饰业	69212	33821	11888	48096
皮革、毛皮、羽毛及其制品和制鞋业	57717	22127	8134	40092
木材加工和木、竹、藤、棕、草制品业	32936	7693	6450	22177
家具制造业	53705	13177	9490	36626
造纸和纸制品业	58102	12187	9322	38581
印刷和记录媒介复制业	43686	11557	8011	29472
文教、工美、体育和娱乐用品制造业	76187	23347	14117	53136
石油加工、炼焦和核燃料加工业	39937	7164	11362	23418
化学原料和化学制品制造业	296383	69961	84801	200470
医药制造业	224586	103241	88051	154596
化学纤维制造业	39702	9837	7448	26413
橡胶和塑料制品业	203293	45666	38202	142305
非金属矿物制品业	260380	50764	55715	171493
黑色金属冶炼和压延加工业	145930	18189	37311	92522
有色金属冶炼和压延加工业	123094	18923	30203	79397
金属制品业	250950	43862	51428	172474
通用设备制造业	410933	66400	116347	291787
专用设备制造业	364242	63470	117214	250408
汽车制造业	376354	62892	125540	260452
铁路、船舶、航空航天和其他运输设备制造业	163886	35114	64876	112074
电气机械和器材制造业	532992	113081	146526	377165
计算机、通信和其他电子设备制造业	955266	209391	310123	712827
仪器仪表制造业	129856	22556	48838	93297
其他制造业	23756	5399	6808	15396
废弃资源综合利用业	13135	2626	3168	8526
金属制品、机械和设备修理业	9190	1029	3348	6324

1-3-2 续表

行　业	R&D人员(人)	#女性	#研究人员	R&D人员折合全时当量(人年)
电力、热力、燃气及水生产和供应业	**74619**	**11679**	**29357**	**40847**
电力、热力生产和供应业	57884	8246	23920	30396
燃气生产和供应业	8304	1477	2502	5085
水的生产和供应业	8431	1956	2935	5367
建筑业	**208720**	**28154**	**86737**	**144668**
房屋建筑业	82319	11881	33001	55755
土木工程建筑业	96943	11240	42104	67122
建筑安装业	14410	2132	5809	10685
建筑装饰和其他建筑业	15048	2901	5823	11106
交通运输、仓储和邮政业	**17593**	**3548**	**7153**	**10277**
铁路运输业	1934	261	817	1274
道路运输业	8471	2057	3684	4758
水上运输业	2470	257	967	1303
航空运输业	484	69	236	319
管道运输业	485	72	232	304
多式联运和运输代理业	1564	486	520	936
装卸搬运和仓储业	1773	288	503	1115
邮政业	412	58	194	267
信息传输、软件和信息技术服务业	**391906**	**95638**	**192042**	**294079**
电信、广播电视和卫星传输服务	25302	6331	10059	16487
互联网和相关服务	106184	28905	54930	86991
软件和信息技术服务业	260420	60402	127053	190601
租赁和商务服务业	**23341**	**7106**	**10906**	**15707**
租赁业	2738	455	1046	1641
商务服务业	20603	6651	9860	14065
科学研究和技术服务业	**237526**	**67749**	**118186**	**151736**
研究和试验发展	54827	20907	28029	35044
专业技术服务业	163918	41565	81077	103788
科技推广和应用服务业	18781	5277	9080	12904
水利、环境和公共设施管理业	**7757**	**2052**	**2714**	**4792**
水利管理业	470	128	237	291
生态保护和环境治理业	3699	834	1403	2292
公共设施管理业	3316	1003	959	2054
土地管理业	272	87	115	155
卫生和社会工作	**7391**	**4181**	**3137**	**4607**
卫生	7324	4164	3105	4593
社会工作	67	17	32	14
文化、体育和娱乐业	**3687**	**1283**	**1441**	**2270**
新闻和出版业	966	424	300	593
广播、电视、电影和影视录音制作业	1473	443	680	952
文化艺术业	382	127	127	208
体育	113	34	45	56
娱乐业	753	255	289	461

1-3-3 各地区全部企业R&D人员情况

地 区	R&D人员 (人)	#女性	#研究人员	R&D人员折合全时当量 (人年)
全 国	**6458969**	**1444591**	**1998054**	**4455777**
东部地区	4280972	978963	1280411	3032611
中部地区	1300439	273105	404034	880962
西部地区	696945	149516	242619	428442
东北地区	180613	43007	70990	113762
北 京	189122	51029	91718	136971
天 津	113806	27354	44073	70078
河 北	154241	31939	44719	95716
山 西	68544	10027	19121	38899
内 蒙 古	31023	5726	10728	16448
辽 宁	122179	28185	46297	76536
吉 林	29301	7166	13112	18915
黑 龙 江	29133	7656	11581	18311
上 海	222501	55994	95779	151564
江 苏	943100	217451	285231	669808
浙 江	688951	155755	154185	519106
安 徽	273431	53746	79725	188895
福 建	287922	70945	78779	205756
江 西	149469	33443	38326	103994
山 东	584776	138387	169060	385996
河 南	281954	62078	83890	191944
湖 北	274242	60367	93512	186180
湖 南	252799	53444	89460	171050
广 东	1090330	228070	314394	793870
广 西	53640	11584	16629	33152
海 南	6223	2039	2473	3746
重 庆	145231	30689	46164	92734
四 川	194408	43316	74070	120998
贵 州	49970	9788	15385	30075
云 南	54366	11076	16602	33078
西 藏	699	125	286	270
陕 西	96295	22713	39126	62194
甘 肃	25802	5312	9761	15061
青 海	5409	1194	2161	2779
宁 夏	21910	4580	6032	12001
新 疆	18192	3413	5675	9652

1-4-1　分登记注册类型全部企业R&D经费内部支出情况

单位：万元

登记注册类型	R&D经费内部支出	日常性支出	#人员劳务费	资产性支出	#仪器和设备	#政府资金	#企业资金
合　计	**211306182**	**197948986**	**73658636**	**13357197**	**12957989**	**6214206**	**204453809**
内资企业	**168433493**	**157929868**	**55940599**	**10503625**	**10181052**	**5496502**	**162676171**
国有企业	3104306	2912770	1189037	191537	184483	213987	2881948
集体企业	88223	69968	30329	18256	18139	723	81266
股份合作企业	96810	91850	28451	4960	4852	1501	95184
联营企业	33412	30077	11400	3336	3333	38	33368
国有联营企业	14315	14182	6968	132	132		14308
集体联营企业	1939	1869	795	71	69		1939
国有与集体联营企业	2609	2604	907	5	4	8	2601
其他联营企业	14549	11421	2730	3128	3128	30	14519
有限责任公司	64093743	59875731	22974693	4218012	4112938	3265947	60689140
国有独资公司	7688327	7155956	2660876	532372	518241	626309	7039682
其他有限责任公司	56405416	52719775	20313817	3685640	3594697	2639638	53649457
股份有限公司	24873998	23579886	8972149	1294112	1245628	1085573	23761076
私营企业	75928691	71159774	22703041	4768916	4607413	920768	74928808
私营独资企业	590148	521872	130093	68276	67273	2843	585530
私营合伙企业	70055	65278	15944	4777	4628	821	69040
私营有限责任公司	64534290	60435519	18500262	4098771	3961468	695212	63777306
私营股份有限公司	10734197	10137106	4056742	597092	574045	221892	10496933
其他企业	214311	209815	31501	4496	4267	7966	205381
港、澳、台商投资企业	**21071227**	**19403274**	**9605220**	**1667953**	**1631512**	**294220**	**20690456**
合资经营企业	5059552	4688097	1627197	371456	361816	109473	4946319
合作经营企业	149896	138781	29960	11115	10897	342	149555
港、澳、台商独资经营企业	13013405	11817662	6637513	1195743	1174070	135404	12795801
港、澳、台商投资股份有限公司	2701552	2616736	1260796	84815	80037	42466	2658573
其他港、澳、台投资企业	146822	141998	49754	4824	4692	6536	140209
外商投资企业	**21801462**	**20615843**	**8112818**	**1185619**	**1145425**	**423484**	**21087183**
中外合资经营企业	9632708	8988065	2788329	644643	625720	175548	9380761
中外合作经营企业	155885	148500	46834	7385	7272	2430	153373
外资企业	9900921	9488362	4553962	412558	395124	198195	9491968
外商投资股份有限公司	1979125	1893585	672983	85540	81962	46889	1928841
其他外商投资企业	132824	97331	50709	35492	35347	422	132240

1-4-2 分行业全部企业R&D经费内部支出情况

单位：万元

行业	R&D经费内部支出	日常性支出	#人员劳务费	资产性支出	#仪器和设备	#政府资金	#企业资金
合计	**211306182**	**197948986**	**73658636**	**13357197**	**12957989**	**6214206**	**204453809**
采矿业	**3704550**	**3503372**	**1155579**	**201178**	**189442**	**43376**	**3658078**
煤炭开采和洗选业	1432707	1317727	441542	114981	111937	14149	1418078
石油和天然气开采业	928971	890370	427054	38601	34572	17755	910426
黑色金属矿采选业	340915	331607	61816	9308	7197	939	339427
有色金属矿采选业	296065	280606	73728	15459	13997	5023	290834
非金属矿采选业	298396	284462	48419	13934	13260	2816	295173
开采及其他辅助性活动	405948	397053	102322	8896	8480	2694	402592
其他采矿业	1548	1548	698				1548
制造业	**169143488**	**158345714**	**50676665**	**10797774**	**10471977**	**5051886**	**163744335**
农副食品加工业	3487656	3367796	468757	119860	113591	42976	3440342
食品制造业	1566227	1458534	469728	107693	102227	40064	1524872
酒、饮料和精制茶制造业	652116	605645	207952	46472	43449	13643	637929
烟草制品业	253316	228740	150463	24576	23880	744	250626
纺织业	2316639	2125516	768174	191123	183205	17890	2296234
纺织服装、服饰业	1144132	1112204	358076	31928	29768	14185	1128795
皮革、毛皮、羽毛及其制品和制鞋业	1039997	1010819	283028	29179	27909	5778	1031998
木材加工和木、竹、藤、棕、草制品业	901351	840854	150404	60497	59010	5476	894998
家具制造业	1020229	988074	318947	32155	30574	4865	1014685
造纸和纸制品业	1360732	1280160	351805	80573	76922	12048	1347159
印刷和记录媒介复制业	955613	883453	255987	72161	70340	5736	949408
文教、工美、体育和娱乐用品制造业	1075814	1001442	418556	74372	71230	10327	1062902
石油加工、炼焦和核燃料加工业	1882810	1747877	285757	134933	128681	7375	1875401
化学原料和化学制品制造业	8571439	7977418	2387887	594022	565019	171808	8391107
医药制造业	9424368	8741782	2235693	682587	660247	230224	9165269
化学纤维制造业	1693471	1585044	285920	108427	105981	17165	1675838
橡胶和塑料制品业	5181497	4861729	1309035	319768	310490	42659	5128386
非金属矿物制品业	5525801	4982903	1431031	542897	525921	60846	5462588
黑色金属冶炼和压延加工业	9066768	8708098	1035619	358670	347858	260628	8805611
有色金属冶炼和压延加工业	4753455	4493237	727555	260218	251500	94882	4648105
金属制品业	6830432	6463112	1476798	367320	354372	157423	6662992
通用设备制造业	11190808	10569196	3692811	621612	599352	257064	10896916
专用设备制造业	10354332	9830687	3588303	523646	505505	349608	9963731
汽车制造业	14146421	13340616	4510279	805805	778705	180890	13936256
铁路、船舶、航空航天和其他运输设备制造业	6202086	5784319	1792319	417766	406508	1266678	4923272
电气机械和器材制造业	18181397	17307624	4927996	873774	843619	222221	17925677
计算机、通信和其他电子设备制造业	35777882	32728561	14926740	3049321	2997931	1335174	34353183
仪器仪表制造业	3132725	2985018	1508639	147707	143550	126100	2999952
其他制造业	662692	609298	200712	53394	51888	92110	567326
废弃资源综合利用业	585573	536556	71471	49017	47861	3686	581603
金属制品、机械和设备修理业	205708	189403	80226	16305	14884	1612	201173

1-4-2 续表

单位：万元

行　业	R&D经费内部支出	日常性支出	#人员劳务费	资产性支出	#仪器和设备	#政府资金	#企业资金
电力、热力、燃气及水生产和供应业	**2294424**	**1994527**	**551999**	**299897**	**289764**	**19334**	**2270583**
电力、热力生产和供应业	1842448	1578256	423070	264192	256969	15561	1822443
燃气生产和供应业	267792	252526	69709	15266	13146	282	267511
水的生产和供应业	184183	163744	59220	20439	19649	3492	180629
建筑业	**7397647**	**7266160**	**3082538**	**131487**	**123525**	**38312**	**7351228**
房屋建筑业	2946294	2912059	1225945	34235	30796	5835	2935725
土木工程建筑业	3555178	3475965	1442788	79214	75102	23613	3528191
建筑安装业	446649	434039	220367	12610	12329	5009	441640
建筑装饰、装修和其他建筑业	449526	444098	193438	5429	5298	3854	445672
交通运输、仓储和邮政业	**405574**	**367175**	**168596**	**38398**	**37263**	**11702**	**393664**
铁路运输业	14448	11003	4435	3445	3434	69	14379
道路运输业	221965	217547	93641	4417	4188	10810	211055
水上运输业	50750	48561	21747	2188	2171	706	50044
航空运输业	10473	10466	8685	8	7		10473
管道运输业	38769	11882	5242	26887	26261	14	38755
多式联运和运输代理业	30811	30565	12678	245	228	77	30733
装卸搬运和仓储业	28903	27765	14531	1138	904	25	28769
邮政业	9456	9385	7636	71	71		9456
信息传输、软件和信息技术服务业	**18316682**	**16906753**	**12709242**	**1409929**	**1383845**	**382645**	**17816727**
电信、广播电视和卫星传输服务	1069519	1061325	764482	8194	6794	5783	1058889
互联网和相关服务	7762845	6549901	5212698	1212944	1193686	23197	7736203
软件和信息技术服务业	9484318	9295527	6732063	188791	183365	353665	9021636
租赁和商务服务业	**912185**	**896083**	**545055**	**16103**	**15352**	**72123**	**801060**
租赁业	51592	48001	25515	3591	3396	238	51354
商务服务业	860593	848082	519539	12512	11957	71885	749706
科学研究和技术服务业	**8590068**	**8156524**	**4534012**	**433544**	**419138**	**578599**	**7893526**
研究和试验发展	3273995	3033324	1177137	240671	233980	303582	2875074
专业技术服务业	4437944	4313410	2953106	124534	120296	204510	4220046
科技推广和应用服务业	878129	809790	403769	68340	64862	70506	798406
水利、环境和公共设施管理业	**220457**	**213353**	**79307**	**7104**	**6379**	**8068**	**212096**
水利管理业	10526	10511	6979	15		1734	8759
生态保护和环境治理业	108587	104739	46383	3848	3345	4466	104093
公共设施管理业	87464	85870	24567	1594	1393	1639	85592
土地管理业	13880	12234	1379	1646	1640	228	13652
卫生和社会工作	**183235**	**164971**	**87083**	**18265**	**18004**	**3898**	**179154**
卫生	182673	164427	86812	18246	17986	3898	178591
社会工作	563	544	272	19	19		563
文化、体育和娱乐业	**103770**	**101521**	**57580**	**2249**	**2103**	**2006**	**101735**
新闻和出版业	12978	12403	7847	575	567	1259	11712
广播、电视、电影和影视录音制作业	66541	65445	37555	1096	977	681	65858
文化艺术业	6714	6694	3920	20	19	15	6680
体育	1486	1477	1086	9	9	15	1471
娱乐业	16051	15501	7172	550	532	36	16015

1-4-3 各地区全部企业R&D经费内部支出情况

单位：万元

地 区	R&D经费内部支出	日常性支出	#人员劳务费	资产性支出	#仪器和设备	#政府资金	#企业资金
全 国	**211306182**	**197948986**	**73658636**	**13357197**	**12957989**	**6214206**	**204453809**
东部地区	141092525	132342614	54394437	8749911	8498964	3337135	137220663
中部地区	40860437	37983096	10671149	2877341	2780099	1171810	39631807
西部地区	23391986	21906873	6809749	1485113	1443096	1350060	22008764
东北地区	5961235	5716403	1783302	244832	235831	355201	5592575
北 京	11130750	9995128	6188964	1135622	1126998	370375	10676592
天 津	3988895	3811246	1407514	177649	173177	64408	3889959
河 北	6282008	6134936	1171764	147072	138892	258351	6020385
山 西	2090111	2006442	365468	83669	78620	75991	2011144
内蒙古	1613564	1445551	223483	168013	165826	72784	1540405
辽 宁	4065043	3930636	1185124	134407	128869	239291	3813449
吉 林	932846	871958	316549	60887	58268	18101	914015
黑龙江	963346	913808	281629	49538	48694	97809	865111
上 海	11738273	10622666	5305097	1115607	1092143	773708	10811807
江 苏	29754708	27857719	10507714	1896989	1832636	307848	29305547
浙 江	18322626	16954462	6850607	1368164	1334317	250688	18055204
安 徽	8039531	7473441	2408434	566090	545759	200675	7819197
福 建	8427260	7980298	3287665	446962	430998	186193	8222884
江 西	4172286	3904686	921681	267600	250556	138589	4033561
山 东	17262232	16387997	4290361	874235	833718	337751	16893711
河 南	8803079	7967514	2411715	835566	823850	117257	8676851
湖 北	9057615	8253720	2453888	803895	778890	282257	8751728
湖 南	8697815	8377293	2109963	320522	302425	357042	8339325
广 东	34014147	32434184	15327212	1579963	1528625	783338	33178151
广 西	1541079	1481707	453618	59372	56917	40098	1500513
海 南	171626	163977	57538	7649	7459	4475	166425
重 庆	4697588	4441384	1447989	256204	247342	155981	4533193
四 川	6233021	5782506	2259881	450515	437741	374327	5853269
贵 州	1415549	1349172	372944	66377	64223	127098	1274832
云 南	2019649	1923725	458608	95925	92518	38022	1980107
西 藏	25172	24948	6616	224	172	625	24490
陕 西	3822072	3590115	1095119	231957	225426	451057	3368790
甘 肃	719779	646474	223004	73305	72686	41973	677634
青 海	172892	168644	31604	4248	3669	6036	166856
宁 夏	557530	492933	83256	64597	63414	33954	523573
新 疆	574092	559715	153628	14377	13162	8107	565102

1-5-1　分登记注册类型全部企业办研发机构情况

登记注册类型	机构数（个）	机构人员数（人）	#博士	#硕士	机构经费支出（万元）	仪器和设备原价（万元）
合　计	**134721**	**5241987**	**68748**	**673989**	**219593653**	**135180386**
内资企业	**120369**	**4229752**	**58999**	**542022**	**172665225**	**104321400**
国有企业	885	60841	1413	14368	2793604	3097527
集体企业	81	1837	33	424	72740	58266
股份合作企业	141	2701	23	93	69138	67117
联营企业	23	650	13	112	27620	8835
国有联营企业	8	322	4	90	15441	4480
集体联营企业	2	55		11	2481	385
其他联营企业	4	196		3	5248	2195
有限责任公司	21784	1298301	23266	246320	69172470	42344895
国有独资公司	1829	141491	3401	33303	7698666	6360756
其他有限责任公司	19955	1156810	19865	213017	61473805	35984139
股份有限公司	7160	651876	10209	127096	28611264	17335766
私营企业	90272	2210937	24020	153053	71838334	41328186
私营独资企业	959	12241	164	711	488536	267755
私营合伙企业	148	1597	12	64	38073	28670
私营有限责任公司	80473	1832598	18857	120716	59415831	34640866
私营股份有限公司	8692	364501	4987	31562	11895894	6390895
其他企业	23	2609	22	556	80055	80809
港、澳、台商投资企业	**7392**	**556608**	**4959**	**71814**	**24564053**	**14576450**
合资经营企业	2212	129198	1177	12665	5534039	3820295
合作经营企业	69	2989	29	382	97384	57269
港、澳、台商独资经营企业	4412	330116	2843	43738	15222733	8871207
港、澳、台商投资股份有限公司	624	90147	900	14802	3585843	1783823
其他港、澳、台投资企业	75	4158	10	227	124055	43856
外商投资企业	**6960**	**455627**	**4790**	**60153**	**22364375**	**16282537**
中外合资经营企业	2579	171483	1851	28179	10539913	6894402
中外合作经营企业	54	3538	21	382	158542	129708
外资企业	3855	237203	2082	24696	9604150	8093873
外商投资股份有限公司	403	40145	810	6571	1942220	1045618
其他外商投资企业	69	3258	26	325	119549	118936

1-5-2　分行业全部企业办研发机构情况

行　业	机构数 (个)	机构人员数 (人)	#博士	#硕士	机构经费支　出 (万元)	仪 器 和 设备原价 (万元)
合　计	**134721**	**5241987**	**68748**	**673989**	**219593653**	**135180386**
采矿业	**896**	**59060**	**1322**	**11231**	**1983107**	**1940686**
煤炭开采和洗选业	284	20926	167	1641	506257	688311
石油和天然气开采业	90	19987	803	7800	657059	514057
黑色金属矿采选业	75	4380	145	383	203621	182551
有色金属矿采选业	122	4653	39	271	179259	154851
非金属矿采选业	287	4407	44	247	167667	189540
开采及其他辅助性活动	38	4707	124	889	269245	211377
制造业	**118485**	**4035724**	**50291**	**442274**	**165555685**	**111215808**
农副食品加工业	3500	53498	1646	5247	2087295	1282515
食品制造业	2136	54471	1106	5076	1624206	1730554
酒、饮料和精制茶制造业	1067	27170	464	2289	801698	1005257
烟草制品业	75	4547	279	1429	391956	512057
纺织业	4395	101647	662	2623	2449582	1970408
纺织服装、服饰业	1703	43278	336	1151	839725	477691
皮革、毛皮、羽毛及其制品和制鞋业	1395	30321	162	523	584150	246796
木材加工和木、竹、藤、棕、草制品业	1087	16623	186	643	533150	327324
家具制造业	1583	41885	138	934	966495	443845
造纸和纸制品业	1543	41140	272	852	1695513	1323045
印刷和记录媒介复制业	1515	34471	276	990	860431	1034271
文教、工美、体育和娱乐用品制造业	2205	55666	353	1643	1212473	649779
石油加工、炼焦和核燃料加工业	446	20121	301	2131	1798317	1432466
化学原料和化学制品制造业	8020	197754	4216	20591	9271671	6849628
医药制造业	4059	177028	5237	35238	9104664	5573475
化学纤维制造业	665	27709	277	1170	1308830	1489298
橡胶和塑料制品业	6752	153834	1253	6077	4405734	7088382
非金属矿物制品业	7109	158597	1695	7167	5095438	6094155
黑色金属冶炼和压延加工业	1113	69514	1128	5193	8144807	4097041
有色金属冶炼和压延加工业	2245	70249	1074	5035	4341703	3343056
金属制品业	8104	183800	1599	7692	5492689	4700411
通用设备制造业	10985	298166	2657	23663	9323241	7651921
专用设备制造业	9604	282201	3312	30481	8670339	7273229
汽车制造业	5594	298232	2293	38396	15775575	8945467
铁路、船舶、航空航天和其他运输设备制造业	1924	114341	1373	21476	4205181	4228952
电气机械和器材制造业	12829	459511	4412	38724	17822098	9653639
计算机、通信和其他电子设备制造业	12700	877483	12026	158993	42322904	18645886
仪器仪表制造业	2972	112710	1278	14017	3282617	2321283
其他制造业	591	15653	124	1569	505836	386176
废弃资源综合利用业	460	8500	133	549	496698	315597
金属制品、机械和设备修理业	109	5604	23	712	140672	122205

1-5-2 续表

行 业	机构数 (个)	机构人员数 (人)	#博士	#硕士	机构经费支出 (万元)	仪器和设备原价 (万元)
电力、热力、燃气及水生产和供应业	**986**	**29835**	**880**	**4765**	**1250925**	**2944206**
电力、热力生产和供应业	600	19599	740	3713	903510	2295988
燃气生产和供应业	159	5354	49	399	202237	493619
水的生产和供应业	227	4882	91	653	145178	154600
建筑业	**2667**	**250116**	**2445**	**20185**	**13579057**	**4553169**
房屋建筑业	1185	104749	1261	7658	5995150	1260436
土木工程建筑业	942	110565	968	10070	6069941	3015134
建筑安装业	257	15539	118	1588	749857	154765
建筑装饰、装修和其他建筑业	283	19263	98	869	764109	122835
交通运输、仓储和邮政业	**315**	**11368**	**101**	**958**	**383230**	**395005**
铁路运输业	3	223		47	1090	4092
道路运输业	168	5766	87	572	222926	140170
水上运输业	23	835	7	65	22899	35794
航空运输业	8	237		19	9677	3431
管道运输业	2	279	2	79	21687	81511
多式联运和运输代理业	60	2514	1	124	75827	5754
装卸搬运和仓储业	46	1404	3	46	25122	122522
邮政业	5	110	1	6	4003	1732
信息传输、软件和信息技术服务业	**5740**	**597364**	**5644**	**123666**	**26724727**	**7733190**
电信、广播电视和卫星传输服务	157	10090	265	2771	480994	294169
互联网和相关服务	735	111981	1525	34628	9109325	2756481
软件和信息技术服务业	4848	475293	3854	86267	17134408	4682539
租赁和商务服务业	**542**	**22099**	**489**	**4410**	**1032611**	**350133**
租赁业	52	2073	10	93	52396	18653
商务服务业	490	20026	479	4317	980215	331479
科学研究和技术服务业	**4426**	**218004**	**7099**	**63330**	**8658211**	**4696639**
研究和试验发展	821	54764	3077	19565	3981811	2388124
专业技术服务业	3143	141445	3347	37958	3654793	1863163
科技推广和应用服务业	462	21795	675	5807	1021607	445352
水利、环境和公共设施管理业	**333**	**8724**	**164**	**1378**	**224228**	**1172479**
水利管理业	5	188	2	35	2848	1040
生态保护和环境治理业	193	4480	112	1012	127363	119932
公共设施管理业	125	3908	49	310	88670	1049578
土地管理业	10	148	1	21	5347	1929
卫生和社会工作	**175**	**5769**	**240**	**1150**	**111787**	**133520**
卫生	173	5757	237	1150	111447	133383
文化、体育和娱乐业	**115**	**3178**	**44**	**493**	**65311**	**31258**
新闻和出版业	23	1467	25	358	26971	13833
广播、电视、电影和影视录音制作业	28	1018	1	72	23476	9798
文化艺术业	18	194	2	21	3856	1834
体育	3	34		3	676	164
娱乐业	43	465	16	39	10332	5629

1-5-3　各地区全部企业办研发机构情况

地　区	机构数 (个)	机　构 人员数 (人)	#博士	#硕士	机构经费 支　出 (万元)	仪器和 设备原价 (万元)
全　国	**134721**	**5241987**	**68748**	**673989**	**219593653**	**135180386**
东部地区	97686	3922114	48013	498451	167208263	90162412
中部地区	27416	835826	12539	95772	32097830	25590782
西部地区	8490	408892	7016	65088	16879063	16294077
东北地区	1129	75155	1180	14678	3408498	3133115
北　京	1217	184823	4737	47261	10750086	4027563
天　津	834	62877	1170	12168	2509908	2083553
河　北	3054	110534	1341	12452	5060257	3050952
山　西	1528	72858	725	6167	2325981	2784235
内蒙古	204	13674	159	2151	525416	546406
辽　宁	675	40797	509	7373	1406401	1340648
吉　林	185	17352	367	4346	1235439	979842
黑龙江	269	17006	304	2959	766658	812625
上　海	1311	137487	3466	38124	9736430	5264437
江　苏	19104	611696	8184	70681	25223385	19825054
浙　江	22010	744658	5380	58849	28904811	14550118
安　徽	7567	193987	2966	21620	7639620	6326181
福　建	2476	138805	1197	10550	4695378	2670773
江　西	5551	139243	1041	7352	5530819	3205853
山　东	9324	322313	4774	41400	14058856	9622026
河　南	3735	134029	2088	16577	4361691	3987974
湖　北	5506	185223	3489	25536	7649819	6598014
湖　南	3529	110486	2230	18520	4589900	2688526
广　东	38273	1604612	17704	206606	65969892	28856545
广　西	778	34428	385	2850	1383599	1577922
海　南	83	4309	60	360	299260	211393
重　庆	2211	90808	1241	11442	3900830	5786073
四　川	2480	128443	2702	22069	4800515	3327662
贵　州	601	27043	285	3803	1123603	745069
云　南	614	26100	363	2421	1052620	987632
西　藏	5	58	2	8	1813	836
陕　西	845	55871	1069	15490	2731016	1838036
甘　肃	266	9490	219	1403	259666	392493
青　海	61	2768	41	338	80870	119639
宁　夏	230	8757	261	696	376958	322389
新　疆	195	11452	289	2417	642156	649921

1-6-1 分登记注册类型全部企业自主知识产权及相关情况

单位：件

行　业	专　利 申请数	#发明专利	有效发明 专 利 数
合　计	**1809485**	**720479**	**2173424**
内资企业	**1566549**	**606889**	**1841991**
国有企业	32735	16747	40214
集体企业	1381	426	1236
股份合作企业	847	196	937
联营企业	3222	2744	3445
国有联营企业	3025	2672	3286
集体联营企业	6	2	14
国有与集体联营企业	91	24	65
其他联营企业	100	46	80
有限责任公司	501723	242886	665644
国有独资公司	78719	41904	99373
其他有限责任公司	423004	200982	566271
股份有限公司	210128	111642	368655
私营企业	815811	231972	760969
私营独资企业	3662	1044	3054
私营合伙企业	611	117	310
私营有限责任公司	692515	187004	614095
私营股份有限公司	119023	43807	143510
其他企业	702	276	891
港、澳、台商投资企业	**128227**	**66025**	**168485**
合资经营企业	32722	13029	39315
合作经营企业	573	121	702
港、澳、台商独资经营企业	75620	44002	105899
港、澳、台商投资股份有限公司	18029	8267	21364
其他港、澳、台投资企业	1283	606	1205
外商投资企业	**114709**	**47565**	**162948**
中外合资经营企业	43994	18322	56889
中外合作经营企业	831	193	963
外资企业	50722	21432	82079
外商投资股份有限公司	18004	7178	22360
其他外商投资企业	1158	440	657

1-6-2 分行业全部企业自主知识产权及相关情况

单位：件

行　业	专　利 申请数	#发明专利	有效发明 专 利 数
合　计	**1809485**	**720479**	**2173424**
采矿业	**15413**	**6640**	**16064**
煤炭开采和洗选业	5616	1545	3240
石油和天然气开采业	3890	2695	5271
黑色金属矿采选业	1358	579	2212
有色金属矿采选业	1446	389	1106
非金属矿采选业	1409	297	1013
开采及其他辅助性活动	1686	1130	3218
其他采矿业	8	5	4
制造业	**1343548**	**462070**	**1625986**
农副食品加工业	16987	4209	16668
食品制造业	14326	4582	18262
酒、饮料和精制茶制造业	5959	1366	5250
烟草制品业	7659	2556	6343
纺织业	20382	4427	17434
纺织服装、服饰业	8271	1564	5960
皮革、毛皮、羽毛及其制品和制鞋业	7253	1023	3518
木材加工和木、竹、藤、棕、草制品业	5552	1223	4543
家具制造业	16098	1995	7556
造纸和纸制品业	10632	2327	9329
印刷和记录媒介复制业	11117	2029	9996
文教、工美、体育和娱乐用品制造业	19811	2978	13073
石油加工、炼焦和核燃料加工业	4400	1593	6617
化学原料和化学制品制造业	58355	22550	86796
医药制造业	31497	15391	64511
化学纤维制造业	4396	1244	5417
橡胶和塑料制品业	50532	11316	44609
非金属矿物制品业	55011	14077	50879
黑色金属冶炼和压延加工业	21528	8451	23471
有色金属冶炼和压延加工业	20889	6529	23818
金属制品业	65860	14286	59520
通用设备制造业	124056	32858	128191
专用设备制造业	130523	39820	140623
汽车制造业	86386	26988	80855
铁路、船舶、航空航天和其他运输设备制造业	36498	15418	49771
电气机械和器材制造业	198905	63870	191831
计算机、通信和其他电子设备制造业	254906	138888	496094
仪器仪表制造业	42912	14266	43744
其他制造业	6527	2086	6320
废弃资源综合利用业	4355	1563	3321
金属制品、机械和设备修理业	1965	597	1666

1-6-2 续表

单位：件

行　　业	专　利 申请数	#发明专利	有效发明 专 利 数
电力、热力、燃气及水生产和供应业	**44650**	**25879**	**49859**
电力、热力生产和供应业	41342	24940	47236
燃气生产和供应业	1266	263	725
水的生产和供应业	2042	676	1898
建筑业	**87074**	**24432**	**50971**
房屋建筑业	39381	10657	18203
土木工程建筑业	34288	10272	24007
建筑安装业	5245	1240	3991
建筑装饰、装修和其他建筑业	8160	2263	4770
交通运输、仓储和邮政业	**5033**	**1798**	**3840**
铁路运输业	642	311	470
道路运输业	2346	924	1737
水上运输业	817	197	502
航空运输业	231	53	121
管道运输业	167	76	284
多式联运和运输代理业	224	88	214
装卸搬运和仓储业	516	100	398
邮政业	90	49	114
信息传输、软件和信息技术服务业	**172805**	**130787**	**243182**
电信、广播电视和卫星传输服务	10584	9286	16866
互联网和相关服务	41525	35678	64646
软件和信息技术服务业	120696	85823	161670
租赁和商务服务业	**18794**	**12337**	**44828**
租赁业	830	262	669
商务服务业	17964	12075	44159
科学研究和技术服务业	**114926**	**54104**	**131340**
研究和试验发展	36374	23309	50634
专业技术服务业	63123	23054	65065
科技推广和应用服务业	15429	7741	15641
水利、环境和公共设施管理业	**4380**	**1337**	**4464**
水利管理业	187	58	128
生态保护和环境治理业	2797	938	2929
公共设施管理业	1384	335	1389
土地管理业	12	6	18
卫生和社会工作	**1385**	**473**	**1168**
卫生	1367	465	1159
文化、体育和娱乐业	**1176**	**456**	**862**
新闻和出版业	121	49	88
广播、电视、电影和影视录音制作业	566	242	340
文化艺术业	162	52	156
体育	41	15	47
娱乐业	286	98	231

1-6-3 各地区全部企业自主知识产权及相关情况

单位：件

地 区	专 利申请数	#发明专利	有效发明专利数
全 国	**1809485**	**720479**	**2173424**
东部地区	1299104	533571	1623403
中部地区	300385	107480	304831
西部地区	169211	64553	189521
东北地区	40785	14875	55669
北 京	148975	97172	252359
天 津	27135	9003	34304
河 北	34980	10731	40174
山 西	13909	4676	15117
内 蒙 古	8627	2897	7386
辽 宁	23802	7993	37130
吉 林	9241	3748	7857
黑 龙 江	7742	3134	10682
上 海	73804	36706	108575
江 苏	231712	77854	270764
浙 江	184198	54338	140249
安 徽	82966	33655	86427
福 建	57362	17829	50887
江 西	34229	8911	22977
山 东	123234	42944	119885
河 南	53510	12911	49460
湖 北	67830	28010	77093
湖 南	47941	19317	53757
广 东	415528	186050	603520
广 西	13098	5454	16152
海 南	2176	944	2686
重 庆	27767	9963	29798
四 川	52291	20249	62843
贵 州	10956	4885	10994
云 南	11719	3515	12866
西 藏	122	38	261
陕 西	26695	11503	32018
甘 肃	5492	1762	5530
青 海	1839	562	1504
宁 夏	4280	1427	3610
新 疆	6325	2298	6559

1-7-1 分登记注册类型全部企业政府相关政策落实情况

单位：万元

登记注册类型	研究开发费用 加计扣除减免税	高新技术 企业减免税
合　计	**28294855**	**31129760**
内资企业	**22512760**	**24233803**
国有企业	275032	264384
集体企业	6831	3696
股份合作企业	17154	15070
联营企业	3941	4266
国有联营企业	1970	3752
集体联营企业		75
国有与集体联营企业	621	439
其他联营企业	1350	
有限责任公司	7823953	7564442
国有独资公司	831339	854639
其他有限责任公司	6992613	6709803
股份有限公司	3386835	3719859
私营企业	10975472	12656642
私营独资企业	46141	36431
私营合伙企业	7365	2290
私营有限责任公司	9170897	10501672
私营股份有限公司	1751070	2116249
其他企业	23544	5446
港、澳、台商投资企业	**3235639**	**3577966**
合资经营企业	643231	746275
合作经营企业	16659	24668
港、澳、台商独资经营企业	2188215	2428732
港、澳、台商投资股份有限公司	341357	357961
其他港、澳、台投资企业	46176	20331
外商投资企业	**2546456**	**3317990**
中外合资经营企业	1038968	1523678
中外合作经营企业	19993	30507
外资企业	1213021	1410686
外商投资股份有限公司	235309	343453
其他外商投资企业	39165	9667

1-7-2 分行业全部企业政府相关政策落实情况

单位：万元

行 业	研究开发费用加计扣除减免税	高新技术企业减免税
合 计	**28294855**	**31129760**
采矿业	**330994**	**431828**
煤炭开采和洗选业	147304	147436
石油和天然气开采业	74883	38482
黑色金属矿采选业	25534	132943
有色金属矿采选业	35346	82696
非金属矿采选业	25166	22465
开采及其他辅助性活动	22713	7390
其他采矿业	48	416
制造业	**20414130**	**24384953**
农副食品加工业	250682	142999
食品制造业	279882	272916
酒、饮料和精制茶制造业	109916	55388
烟草制品业	3029	15332
纺织业	313396	213083
纺织服装、服饰业	110786	49346
皮革、毛皮、羽毛及其制品和制鞋业	71819	34895
木材加工和木、竹、藤、棕、草制品业	71848	66747
家具制造业	125257	129025
造纸和纸制品业	222701	301392
印刷和记录媒介复制业	134794	126428
文教、工美、体育和娱乐用品制造业	156684	93411
石油加工、炼焦和核燃料加工业	147985	166994
化学原料和化学制品制造业	1338991	2047724
医药制造业	1337136	2255063
化学纤维制造业	108980	86342
橡胶和塑料制品业	605240	594647
非金属矿物制品业	820247	878398
黑色金属冶炼和压延加工业	810226	5339255
有色金属冶炼和压延加工业	549831	505699
金属制品业	723754	542846
通用设备制造业	1358988	1431714
专用设备制造业	1379096	1432959
汽车制造业	1501727	1284465
铁路、船舶、航空航天和其他运输设备制造业	498975	428327
电气机械和器材制造业	2117878	2171347
计算机、通信和其他电子设备制造业	4576549	3148031
仪器仪表制造业	528756	476769
其他制造业	81614	41925
废弃资源综合利用业	49785	33809
金属制品、机械和设备修理业	27580	17679

1-7-2 续表

单位：万元

行 业	研究开发费用加计扣除减免税	高新技术企业减免税
电力、热力、燃气及水生产和供应业	**171649**	**222715**
电力、热力生产和供应业	128844	148059
燃气生产和供应业	22013	47656
水的生产和供应业	20792	27001
建筑业	**1057963**	**1271313**
房屋建筑业	349470	538835
土木工程建筑业	507876	520722
建筑安装业	91704	98757
建筑装饰、装修和其他建筑业	108914	112999
交通运输、仓储和邮政业	**83091**	**72179**
铁路运输业	3376	3567
道路运输业	39882	29138
水上运输业	7818	15137
航空运输业	8501	1391
管道运输业	891	3394
装卸搬运和运输代理业	11878	7079
仓储业	9358	12473
邮政业	1386	
信息传输、软件和信息技术服务业	**4874544**	**3236666**
电信、广播电视和卫星传输服务	95879	59582
互联网和相关服务	1467634	1337728
软件和信息技术服务业	3311032	1839356
租赁和商务服务业	**220290**	**135186**
租赁业	9033	11132
商务服务业	211257	124054
科学研究和技术服务业	**1036464**	**1257130**
研究和试验发展	245901	220917
专业技术服务业	662737	926121
科技推广和应用服务业	127826	110093
水利、环境和公共设施管理业	**44477**	**44245**
水利管理业	1997	2579
生态保护和环境治理业	27852	29409
公共设施管理业	14420	12098
土地管理业	207	160
卫生和社会工作	**27744**	**29880**
卫生	27464	29880
社会工作	280	0
文化、体育和娱乐业	**27447**	**41041**
新闻和出版业	3796	3206
广播、电视、电影和影视录音制作业	14472	34014
文化艺术业	5089	2031
体育	834	45
娱乐业	3257	1746

1-7-3 各地区全部企业政府相关政策落实情况

单位：万元

地　　区	研究开发费用加计扣除减免税	高新技术企业减免税
全　　国	**28294855**	**31129760**
东部地区	20285400	19905870
中部地区	4982480	4155211
西部地区	2326334	6258582
东北地区	700641	810098
北　　京	2277083	1920070
天　　津	369052	483746
河　　北	615178	885156
山　　西	362490	317981
内 蒙 古	129701	295961
辽　　宁	359608	465926
吉　　林	212406	255012
黑 龙 江	128626	89160
上　　海	1769788	1644174
江　　苏	3041058	3469211
浙　　江	3587491	3482475
安　　徽	1018269	1000550
福　　建	653836	674015
江　　西	667429	494007
山　　东	1741068	1769104
河　　南	697568	593109
湖　　北	1059136	848382
湖　　南	1177588	901182
广　　东	6174924	5522494
广　　西	269985	4711324
海　　南	55923	55425
重　　庆	317686	104447
四　　川	735084	386236
贵　　州	92174	85964
云　　南	129811	158243
西　　藏	3399	1696
陕　　西	358891	223453
甘　　肃	78461	58875
青　　海	34511	34008
宁　　夏	55627	25858
新　　疆	121003	172517

第二部分

工业企业研发活动情况

工业企业R&D及相关活动主要指标

(2021)

2-1-1　工业企业R&D及相关活动主要指标

主要指标	单位	2016	2017	2018	2019	2020	2021
企业基本情况							
#有R&D活动的企业	个	86891	102218	104820	129198	146691	169224
#有研发机构的企业	个	61765	70636	72607	85274	94072	108667
#有新产品销售的企业	个	75879	83978	94112	111755	127538	149434
R&D人员情况							
R&D人员	人	3867344	4045058	4261170	4440550	4767501	5559580
#女性	人	858521	902163	951481	972400	1057078	1234522
#研究人员	人	1283434	1287710	1324445	1367520	1444084	1575230
#全时人员	人	2772887	2983752	3175714	3298291	3544185	3932866
R&D人员折合全时当量	人年	2702489	2736244	2981234	3151828	3460409	3826651
R&D经费情况							
R&D经费内部支出	万元	109446586	120129589	129548264	139710989	152712905	175142461
按支出用途分							
1.日常性支出	万元	97485612	107621174	117124226	129186676	141217920	163843613
#人员劳务费	万元	32773937	35533459	38752693	41311298	48521062	52384243
2.资产性支出	万元	11960974	12508414	12424037	10524314	11494985	11298849
#仪器和设备	万元	11714975	12281173	12175462	10203169	11220043	10951182
按资金来源分							
政府资金	万元	4037843	4101098	4232715	5747869	4189938	5114596
企业资金	万元	104052729	114818640	123893527	133942131	147914094	169672996
境外资金	万元	410525	358174	456015	12807	393306	227292
其他资金	万元	945488	851676	966007	8182	215566	127577
R&D经费外部支出	万元	6049317	6984338	8699801	8930340	10084884	12832845
#对境内研究机构支出	万元	2849635	2725692	3384804	3138621	3452161	4099679
对境内高等学校支出	万元	702654	700412	643805	603636	621689	731866
对境外支出	万元	842898	1100000	1200642	1212109	1435326	1537739

2-1-1 续表

主 要 指 标	单位	2016	2017	2018	2019	2020	2021
企业办研发机构情况							
机构数	个	72963	82667	83115	95459	105094	120367
机构人员数	人	2923953	3254179	3182794	3416317	3713270	4124619
#博士	人	48187	50889	44514	44883	45717	52493
硕士	人	363528	393077	379066	384961	413862	458270
机构经费支出	万元	76644847	89554910	103212643	121754828	135835614	168789717
仪器和设备原价	万元	73564754	88837085	80478382	94245107	98513503	116100701
新产品开发及销售情况							
新产品开发项目数	项	391872	477861	558305	671799	788125	958709
新产品开发经费支出	万元	117662658	134978371	149872196	169857185	186237781	226528583
新产品销售收入	万元	1746041534	1915686889	1970940694	2120602638	2380736642	2955666961
#新产品出口	万元	327130958	349447537	361608191	392692888	438532723	524170891
自主知识产权及相关情况							
专利申请数	件	715397	817037	957298	1059808	1243927	1403611
#发明专利	件	286987	320626	371569	398802	446069	494589
有效发明专利数	件	769847	933990	1094200	1218074	1447950	1691909
拥有注册商标数	件	514129	566456	691945	823113	973541	1166458
形成国家或行业标准数	项	23345	24418	22533	26932	29297	34906
政府相关政策落实情况							
研究开发费用加计扣除减免税	万元	4890887	5699008	8814578	13996916	17134089	20916773
高新技术企业减免税	万元	8427850	10622729	12250169	14237952	16398229	25039496
技术获取和技术改造情况							
引进技术经费支出	万元	4754183	3993153	4652681	4766901	4599504	5077563
消化吸收经费支出	万元	1092479	1185389	910077	967692	755939	808990
购买境内技术经费支出	万元	2080023	2008696	4401696	5374093	4567145	4642926
技术改造经费支出	万元	30166061	31033792	32334113	37401531	35166780	38442352

2-1-2　大型工业企业R&D及相关活动主要指标

主要指标	单位	2016	2017	2018	2019	2020	2021
企业基本情况							
#有R&D活动的企业	个	6017	6261	5646	5607	5798	6345
#有研发机构的企业	个	4987	5118	4515	4339	4404	4717
#有新产品销售的企业	个	5205	5263	5054	4980	5085	5465
R&D人员情况							
R&D人员	人	1736882	1726881	1757080	1631071	1682971	1959900
#女性	人	383545	382412	384653	346088	360099	421727
#研究人员	人	644943	624325	634499	597336	605643	671618
#全时人员	人	1236114	1258937	1290237	1196001	1227881	1412089
R&D人员折合全时当量	人年	1248039	1200498	1242826	1174900	1251259	1379830
R&D经费情况							
R&D经费内部支出	万元	57189085	61717921	65935256	67378656	71636955	82584747
按支出用途分							
1.日常性支出	万元	51973150	56239678	59897167	62078515	66441582	77011640
#人员劳务费	万元	18312506	19473953	21385892	21703732	24136029	26622969
2.资产性支出	万元	5215935	5478243	6038089	5300141	5195373	5573107
#仪器和设备	万元	5085960	5353386	5913139	5153631	5069011	5419224
按资金来源分							
政府资金	万元	2550234	2536235	2290353	3961018	2765580	3431377
企业资金	万元	54049190	58638577	62839365	63405204	68553672	78987518
境外资金	万元	240440	229711	297828	9338	197564	102754
其他资金	万元	349221	313398	507709	3097	120139	63098
R&D经费外部支出	万元	4333355	5033217	6236769	6166458	6761107	8778195
#对境内研究机构支出	万元	2105099	2029103	2760469	2451806	2642685	3163501
对境内高等学校支出	万元	401077	385059	378114	320064	325830	396684
对境外支出	万元	683293	880091	879476	915184	1080277	1131491

2-1-2 续表

主 要 指 标	单位	2016	2017	2018	2019	2020	2021
企业办研发机构情况							
机构数	个	8753	9098	7884	7368	7466	7909
机构人员数	人	1386211	1463753	1373096	1387801	1448546	1581268
#博士	人	20652	22013	20315	19569	20807	22840
硕士	人	237012	255872	252229	248640	271078	291498
机构经费支出	万元	45175309	51386158	58328520	68092110	73172184	87741923
仪器和设备原价	万元	34366980	43771868	38495316	39095016	41288597	47543931
新产品开发及销售情况							
新产品开发项目数	项	87495	94581	96795	101093	109358	125384
新产品开发经费支出	万元	61448884	69246541	75071671	81270224	86978737	102305264
新产品销售收入	万元	1103157149	1190309442	1164840565	1184362707	1284614231	1533426481
#新产品出口	万元	246132136	254236347	255928519	263879813	301046898	353458445
自主知识产权及相关情况							
专利申请数	件	270562	313051	345999	355360	398799	441341
#发明专利	件	129868	156561	172375	191078	210081	237721
有效发明专利数	件	355272	426799	462967	518778	601184	725160
拥有注册商标数	件	256622	263050	291165	327954	362523	421613
形成国家或行业标准数	项	8805	8998	7919	10238	9883	11837
政府相关政策落实情况							
研究开发费用加计扣除减免税	万元	2727675	2615269	4230794	6307225	7207744	8886072
高新技术企业减免税	万元	4533068	5743543	6677330	7334495	7665115	14422833
技术获取和技术改造情况							
引进技术经费支出	万元	4172277	3295071	4138157	4264010	4055245	4641255
消化吸收经费支出	万元	932581	1059449	816043	886451	628134	696701
购买境内技术经费支出	万元	1659837	1545391	3537849	4656270	3440785	3352816
技术改造经费支出	万元	21384136	21419776	22953957	27914272	25084801	26527690

2-1-3 中型工业企业R&D及相关活动主要指标

主 要 指 标	单位	2016	2017	2018	2019	2020	2021
企业基本情况							
#有R&D活动的企业	个	20452	22239	20099	20886	21993	23448
#有研发机构的企业	个	15760	16987	15124	14806	15498	16332
#有新产品销售的企业	个	17423	18461	18112	18619	19531	20771
R&D人员情况							
R&D人员	人	1034151	1078761	1110880	1161084	1234883	1412321
#女性	人	238028	248248	260168	267605	288099	328889
#研究人员	人	313038	311594	312056	329495	354816	378055
#全时人员	人	746302	802440	830950	858012	910486	986581
R&D人员折合全时当量	人年	716402	730921	773639	821271	894699	972653
R&D经费情况							
R&D经费内部支出	万元	25705547	28043954	29491692	32590648	36085738	40233579
按支出用途分							
1.日常性支出	万元	22664630	24944282	26659452	30146979	33020415	37566536
#人员劳务费	万元	7462723	8085716	8600805	9556880	11264583	11982548
2.资产性支出	万元	3040917	3099672	2832240	2443668	3065323	2667043
#仪器和设备	万元	2986792	3052711	2779710	2367131	3003649	2582209
按资金来源分							
政府资金	万元	788273	754053	877303	959847	731327	895781
企业资金	万元	24511282	26957252	28308869	31625930	35172297	39226787
境外资金	万元	114140	77322	95725	1580	143630	83550
其他资金	万元	291852	255327	209795	3291	38484	27462
R&D经费外部支出	万元	1003858	1088026	1310508	1529367	1933794	2343016
#对境内研究机构支出	万元	482483	429976	383128	404107	490235	623114
对境内高等学校支出	万元	132785	115028	100445	104736	122018	139731
对境外支出	万元	96257	160731	199490	180842	243727	270871

2-1-3 续表

主要指标	单位	2016 #中型	2017 #中型	2018 中型	2019 中型	2020 中型	2021 中型
企业办研发机构情况							
机构数	个	19450	20879	18516	18171	19048	19963
机构人员数	人	795306	899197	849941	894362	982125	1071318
#博士	人	11716	12199	9764	9985	9946	10743
硕士	人	65968	73048	64449	68466	74807	81912
机构经费支出	万元	16904994	20028541	22076921	25368832	29307742	36762819
仪器和设备原价	万元	23819081	23911706	21795886	27278048	25260327	29030727
新产品开发及销售情况							
新产品开发项目数	项	108252	127867	136501	151965	171443	197096
新产品开发经费支出	万元	27588734	31393976	33673328	39054557	42460714	51513284
新产品销售收入	万元	370206403	409260055	426325589	476535887	546962019	689085165
#新产品出口	万元	53394555	63368543	67515546	77385250	80995006	101638618
自主知识产权及相关情况							
专利申请数	件	167860	183209	195150	218956	250818	265938
#发明专利	件	58816	61815	69479	76676	86005	88646
有效发明专利数	件	172734	205928	229321	241693	278673	294054
拥有注册商标数	件	131482	153505	180714	209966	253134	284662
形成国家或行业标准数	项	6947	7432	6864	7539	8754	10119
政府相关政策落实情况							
研究开发费用加计扣除减免税	万元	1175142	1619268	2267609	3761724	4355167	5214377
高新技术企业减免税	万元	2470159	3090916	3432369	4143238	5063874	6040940
技术获取和技术改造情况							
引进技术经费支出	万元	391793	407226	358879	360993	374607	309699
消化吸收经费支出	万元	115313	88932	54750	61984	42960	92806
购买境内技术经费支出	万元	216203	275333	569065	432863	668042	653216
技术改造经费支出	万元	4835802	5631711	5427373	5335797	5754538	6795947

2-1-4 小微型工业企业R&D及相关活动主要指标

主 要 指 标	单位	2016	2017	2018	2019	2020	2021
企业基本情况							
#有R&D活动的企业	个	60422	73718	79075	102705	118900	139431
#有研发机构的企业	个	41018	48531	52968	66129	74170	87618
#有新产品销售的企业	个	53251	60254	70946	88156	102922	123198
R&D人员情况							
R&D人员	人	1096311	1239416	1393210	1648395	1849647	2187359
#女性	人	236948	271503	306660	358707	408880	483906
#研究人员	人	325453	351791	377890	440689	483625	525557
#全时人员	人	790471	922375	1054527	1244278	1405818	1534196
R&D人员折合全时当量	人年	738048	804825	964769	1155657	1314451	1474168
R&D经费情况							
R&D经费内部支出	万元	26551954	30367714	34121316	39741686	44990212	52324136
按支出用途分							
1.日常性支出	万元	22847832	26437214	30567608	36961182	41755923	49265436
#人员劳务费	万元	6998707	7973790	8765997	10050687	13120449	13778726
2.资产性支出	万元	3704122	3930499	3553709	2780504	3234289	3058699
#仪器和设备	万元	3642223	3875076	3482614	2682407	3147383	2949749
按资金来源分							
政府资金	万元	699336	810810	1065060	827005	693031	787439
企业资金	万元	25492258	29222811	32745293	38910997	44188125	51458691
境外资金	万元	55945	51142	62461	1890	52113	40988
其他资金	万元	304415	282951	248503	1795	56943	37018
R&D经费外部支出	万元	712105	863095	1152524	1234515	1389983	1711634
#对境内研究机构支出	万元	262052	266613	241207	282708	319241	313064
对境内高等学校支出	万元	168792	200325	165246	178836	173840	195450
对境外支出	万元	63349	59179	121676	116083	111322	135377

2-1-4 续表

主 要 指 标	单位	2016	2017	2018	2019	2020	2021
企业办研发机构情况							
机构数	个	44760	52690	56715	69920	78580	92495
机构人员数	人	742436	891229	959757	1134154	1282599	1472033
#博士	人	15819	16677	14435	15329	14964	18910
硕士	人	60548	64157	62388	67855	67977	84860
机构经费支出	万元	14564544	18140211	22807203	28293886	33355688	44284975
仪器和设备原价	万元	15378693	21153511	20187179	27872043	31964580	39526043
新产品开发及销售情况							
新产品开发项目数	项	196125	255413	325009	418741	507324	636229
新产品开发经费支出	万元	28625041	34337854	41127197	49532404	56798331	72710035
新产品销售收入	万元	272677982	316117392	379774540	459704043	549160393	733155315
#新产品出口	万元	27604268	31842647	38164126	51427825	56490819	69073829
自主知识产权及相关情况							
专利申请数	件	276975	320777	416149	485492	594310	696332
#发明专利	件	98303	102250	129715	131048	149983	168222
有效发明专利数	件	241841	301263	401912	457603	568093	672695
拥有注册商标数	件	126025	149901	220066	285193	357884	460183
形成国家或行业标准数	项	7593	7988	7750	9155	10660	12950
政府相关政策落实情况							
研究开发费用加计扣除减免税	万元	988070	1464471	2316176	3927967	5571178	6816323
高新技术企业减免税	万元	1424623	1788269	2140470	2760218	3669240	4575723
技术获取和技术改造情况							
引进技术经费支出	万元	190114	290857	155645	141898	169651	126610
消化吸收经费支出	万元	44585	37009	39283	19257	84845	19484
购买境内技术经费支出	万元	203984	187973	294782	284960	458317	636894
技术改造经费支出	万元	3946123	3982306	3952783	4151462	4327441	5118715

2-1-5 分登记注册类型国有及国有控股工业企业R&D及相关活动主要指标

主要指标	单位	2016	2017	2018	2019	2020	2021
企业基本情况							
#有R&D活动的企业	个	5989	6472	6122	6900	7907	8876
#有研发机构的企业	个	3727	3968	3703	4009	4524	5062
#有新产品销售的企业	个	4533	4786	4880	5480	5886	6560
R&D人员情况							
R&D人员	人	971703	948206	878991	815869	818382	940945
#女性	人	207699	199616	180322	160359	161016	181355
#研究人员	人	399204	390519	363535	350329	351296	385021
#全时人员	人	643547	652460	607102	565249	553456	615577
R&D人员折合全时当量	人年	669753	636281	583220	550286	560415	602300
R&D经费情况							
R&D经费内部支出	万元	28638230	30818356	32036466	32694531	34621721	40448718
按支出用途分							
1.日常性支出	万元	26183458	28051010	29413488	30598262	32267741	36983907
#人员劳务费	万元	8811163	9121481	9925721	9864130	10581619	11621338
2.资产性支出	万元	2454772	2767346	2622978	2096269	2353980	3464811
#仪器和设备	万元	2384035	2691961	2554728	2024442	2288923	3376213
按资金来源分							
政府资金	万元	2202470	2251823	2229220	2850488	2443200	2725527
企业资金	万元	26141093	28225360	29394235	29837761	32030793	37651684
境外资金	万元	68313	78103	112199	3078	74052	34188
其他资金	万元	226354	263070	300812	3204	73676	37319
R&D经费外部支出	万元	2232989	2791660	3098091	3128428	3357038	4058381
#对境内研究机构支出	万元	754446	797422	799567	658467	755865	970620
对境内高等学校支出	万元	286034	296231	286159	302952	307785	371609
对境外支出	万元	327531	496563	413047	359077	408854	234989

2-1-5 续表

主 要 指 标	单位	2016	2017	2018	2019	2020	2021
企业办研发机构情况							
机构数	个	5892	6335	5761	6001	6604	7274
机构人员数	人	634778	646284	615002	588391	614042	649597
#博士	人	11112	11025	10318	9136	9860	10771
硕士	人	136551	144650	143352	134888	144561	155519
机构经费支出	万元	17868450	20378070	24441884	28107153	29575193	36168282
仪器和设备原价	万元	23369358	28781731	21671202	26923253	25784923	32086656
新产品开发及销售情况							
新产品开发项目数	项	62668	68188	71746	79233	89771	103303
新产品开发经费支出	万元	28264119	32036627	34261127	36688851	39388275	48153696
新产品销售收入	万元	446748857	509373434	480304588	498372628	515049708	614620044
#新产品出口	万元	43672314	43836940	44029983	44031308	37752355	50824892
自主知识产权及相关情况							
专利申请数	件	156755	171917	191105	186220	211160	237936
#发明专利	件	76243	85328	93725	94356	110326	128247
有效发明专利数	件	213314	250556	255311	282263	315689	389604
拥有注册商标数	件	105545	115717	124083	124752	138732	161770
形成国家或行业标准数	项	6669	6713	6141	6236	7240	8454
政府相关政策落实情况							
研究开发费用加计扣除减免税	万元	1445942	1484313	1990116	2929074	3089294	3944820
高新技术企业减免税	万元	1717861	2288865	2373592	2413824	2690236	3985403
技术获取和技术改造情况							
引进技术经费支出	万元	2228085	2199183	2368195	2836651	1917649	3050467
消化吸收经费支出	万元	673271	760578	678418	791106	581535	649834
购买境内技术经费支出	万元	799475	805439	1872494	1913646	1446054	1684024
技术改造经费支出	万元	15315735	15810336	17026582	21917327	17913148	18748607

2-1-6 分登记注册类型内资工业企业R&D及相关活动主要指标

主要指标	单位	2016	2017	2018	2019	2020	2021
企业基本情况							
#有R&D活动的企业	个	72452	86671	90473	113548	130299	152362
#有研发机构的企业	个	50219	57928	60780	73205	82010	96483
#有新产品销售的企业	个	63002	70678	80915	97725	112890	134404
R&D人员情况							
R&D人员	人	3038869	3195338	3365482	3583372	3877326	4549593
#女性	人	666745	702016	737549	771514	842621	989225
#研究人员	人	1029125	1041853	1062660	1113194	1180438	1289554
#全时人员	人	2142750	2325327	2488360	2646352	2870665	3197374
R&D人员折合全时当量	人年	2085938	2119652	2327232	2515116	2790079	3110457
R&D经费情况							
R&D经费内部支出	万元	85253739	94230092	102720472	112189638	122726840	141368113
按支出用途分							
1.日常性支出	万元	75439682	83927446	92724811	103723390	113290764	132097117
#人员劳务费	万元	24648946	26967896	29781333	31984040	37880429	40591780
2.资产性支出	万元	9814057	10302645	9995661	8466248	9436077	9270996
#仪器和设备	万元	9603674	10107111	9793899	8196479	9206796	8987324
按资金来源分							
政府资金	万元	3653911	3708631	3843098	5156417	3768931	4527174
企业资金	万元	80747312	89709083	97780689	107015751	118647839	136677488
境外资金	万元	84394	85510	276858	10666	173920	77830
其他资金	万元	768123	726867	819827	6804	136151	85621
R&D经费外部支出	万元	4795514	5443888	6881249	7057264	7912575	10182635
#对境内研究机构支出	万元	2402818	2435930	3071197	2756217	3152295	3753970
对境内高等学校支出	万元	638554	634350	587752	555818	567170	668110
对境外支出	万元	475584	559283	598282	629538	684505	755676

2-1-6 续表

主 要 指 标	单位	2016	2017	2018	2019	2020	2021
企业办研发机构情况							
机构数	个	59722	68201	69941	82176	91708	106772
机构人员数	人	2201833	2453664	2438895	2672272	2941976	3283047
#博士	人	40720	43543	38485	38608	39941	45742
硕士	人	294330	323697	311124	318419	348790	379180
机构经费支出	万元	56987138	66641469	78453332	95145340	108024780	134075543
仪器和设备原价	万元	54647380	65014951	60381864	73495534	73521672	89873104
新产品开发及销售情况							
新产品开发项目数	项	313231	388276	463865	568733	676688	832694
新产品开发经费支出	万元	89317095	103371254	116493351	133642655	148203396	180987608
新产品销售收入	万元	1208390782	1334941713	1438177877	1557714924	1766019670	2235244839
#新产品出口	万元	150792646	172039156	185889554	217761381	232404310	288608462
自主知识产权及相关情况							
专利申请数	件	589008	688531	819575	912864	1082747	1224747
#发明专利	件	236768	274490	321873	343664	389329	429773
有效发明专利数	件	622533	771070	907856	1028567	1233554	1450729
拥有注册商标数	件	409903	459251	567378	687180	820851	977602
形成国家或行业标准数	项	20227	21256	20142	22238	25762	30418
政府相关政策落实情况							
研究开发费用加计扣除减免税	万元	3820659	4410704	6896982	10873480	13729623	16954792
高新技术企业减免税	万元	5721975	7362690	8891593	10402673	12099271	19786377
技术获取和技术改造情况							
引进技术经费支出	万元	1777633	1515026	1845316	2057486	2189507	1634853
消化吸收经费支出	万元	558971	523899	255533	141764	173486	98733
购买境内技术经费支出	万元	1807568	1752905	3981398	4894850	4042206	4102424
技术改造经费支出	万元	24880320	25167642	26859696	31182278	29275188	32026605

2-1-7 分登记注册类型港澳台商投资工业企业R&D及相关活动主要指标

主要指标	单位	2016	2017	2018	2019	2020	2021
企业基本情况							
#有R&D活动的企业	个	6730	7581	6831	7418	7711	7973
#有研发机构的企业	个	5483	6497	5868	6130	6206	6273
#有新产品销售的企业	个	6062	6536	6276	6673	6950	7036
R&D人员情况							
R&D人员	人	395713	427185	435717	412326	434803	489602
#女性	人	95667	105280	108264	99169	107629	119791
#研究人员	人	112192	109851	117566	110188	115905	125142
#全时人员	人	305107	330836	335318	316040	332406	361994
R&D人员折合全时当量	人年	285902	303102	319641	314242	332813	354588
R&D经费情况							
R&D经费内部支出	万元	10135514	11150543	11307500	11383701	12561629	14480915
按支出用途分							
1.日常性支出	万元	9230034	10089010	10206656	10639512	11759149	13582098
#人员劳务费	万元	3430809	3692209	3792314	3849975	4551516	5254545
2.资产性支出	万元	905480	1061532	1100844	744189	802480	898817
#仪器和设备	万元	892125	1049884	1080849	720601	787352	873179
按资金来源分							
政府资金	万元	155048	208422	187070	213524	157927	202396
企业资金	万元	9786177	10824734	11033606	11169403	12330953	14230938
境外资金	万元	127659	48477	47290	306	62901	43683
其他资金	万元	66631	68909	39534	468	9848	3897
R&D经费外部支出	万元	312272	384999	620419	572765	595916	948497
#对境内研究机构支出	万元	100847	114287	128851	146038	118930	232657
对境内高等学校支出	万元	35646	35570	26629	22055	27010	27021
对境外支出	万元	80479	93252	142671	106469	140945	221620

2-1-7 续表

主要指标	单位	2016	2017	2018	2019	2020	2021
企业办研发机构情况							
机构数	个	6377	7479	6567	6763	6919	6968
机构人员数	人	349513	424107	380490	387441	403716	447707
#博士	人	3007	3345	2495	2633	2605	2988
硕士	人	25632	28229	27266	26145	26461	34688
机构经费支出	万元	8129419	10445729	10627583	11460124	12197413	15461407
仪器和设备原价	万元	6803841	8740241	9250407	9703657	11058314	11963198
新产品开发及销售情况							
新产品开发项目数	项	36315	43324	44253	48400	52612	59539
新产品开发经费支出	万元	11508389	13694049	13938026	14875719	15576264	19980053
新产品销售收入	万元	216260034	260442342	233315345	252177740	271243951	344727307
#新产品出口	万元	88907938	102579702	94313186	97354532	115171209	138232927
自主知识产权及相关情况							
专利申请数	件	60762	67597	68851	70919	73083	83644
#发明专利	件	22581	24272	25946	25564	24182	29775
有效发明专利数	件	68740	81769	89280	93651	104000	111913
拥有注册商标数	件	53823	57808	66666	71431	80502	99556
形成国家或行业标准数	项	1534	1735	1273	3425	2033	2672
政府相关政策落实情况							
研究开发费用加计扣除减免税	万元	461043	597347	780544	1393996	1400581	1807858
高新技术企业减免税	万元	1357225	1719171	1563500	1727469	1917294	2249715
技术获取和技术改造情况							
引进技术经费支出	万元	236403	157368	120032	92448	82634	70321
消化吸收经费支出	万元	93637	126195	10600	26255	5964	8423
购买境内技术经费支出	万元	113826	141363	152101	222389	227371	190503
技术改造经费支出	万元	1918896	2465484	2280659	2430982	2226357	2878163

2-1-8 分登记注册类型外商投资工业企业R&D及相关活动主要指标

主要指标	单位	2016	2017	2018	2019	2020	2021
企业基本情况							
#有R&D活动的企业	个	7709	7966	7516	8232	8681	8889
#有研发机构的企业	个	6063	6211	5959	5939	5856	5911
#有新产品销售的企业	个	6815	6764	6921	7357	7698	7994
R&D人员情况							
R&D人员	人	432762	422535	459971	444852	455372	520385
#女性	人	96109	94867	105668	101717	106828	125506
#研究人员	人	142117	136006	144219	144138	147741	160534
#全时人员	人	325030	327589	352036	335899	341114	373498
R&D人员折合全时当量	人年	330649	313490	334362	322470	337516	361606
R&D经费情况							
R&D经费内部支出	万元	14057332	14748955	15520292	16137651	17424436	19293434
按支出用途分							
1.日常性支出	万元	12815896	13604718	14192759	14823774	16168008	18164398
#人员劳务费	万元	4694182	4873353	5179046	5477283	6089116	6537917
2.资产性支出	万元	1241436	1144237	1327533	1313877	1256428	1129035
#仪器和设备	万元	1219175	1124178	1300714	1286089	1225896	1090679
按资金来源分							
政府资金	万元	228884	184045	202548	377928	263080	385026
企业资金	万元	13519241	14284824	15079232	15756976	16935303	18764570
境外资金	万元	198473	224187	131867	1835	156485	105779
其他资金	万元	110734	55899	106645	911	69568	38059
R&D经费外部支出	万元	941531	1155452	1198133	1300312	1576393	1701714
#对境内研究机构支出	万元	345969	175474	184755	236366	180936	113052
对境内高等学校支出	万元	28454	30491	29424	25763	27509	36735
对境外支出	万元	286835	447465	459688	476102	609876	560443

2-1-8　续表

主　要　指　标	单位	2016	2017	2018	2019	2020	2021
企业办研发机构情况							
机构数	个	6864	6987	6607	6520	6467	6627
机构人员数	人	372607	376408	363409	356604	367578	393865
#博士	人	4460	4001	3534	3642	3171	3763
硕士	人	43566	41151	40676	40397	38611	44402
机构经费支出	万元	11528291	12467713	14131728	15149364	15613421	19252767
仪器和设备原价	万元	12113533	15081893	10846110	11045916	13933517	14264399
新产品开发及销售情况							
新产品开发项目数	项	42326	46261	50187	54666	58825	66476
新产品开发经费支出	万元	16837174	17913068	19440818	21338811	22458122	25560922
新产品销售收入	万元	321390718	320302834	299447472	310709974	343473022	375694815
#新产品出口	万元	87430375	74828679	81405452	77576975	90957204	97329503
自主知识产权及相关情况							
专利申请数	件	65627	60909	68872	76025	88097	95220
#发明专利	件	27638	21864	23750	29574	32558	35041
有效发明专利数	件	78574	81151	97064	95856	110396	129267
拥有注册商标数	件	50403	49397	57901	64502	72188	89300
形成国家或行业标准数	项	1584	1427	1118	1269	1502	1816
政府相关政策落实情况							
研究开发费用加计扣除减免税	万元	609185	690956	1137053	1729440	2003886	2154123
高新技术企业减免税	万元	1348650	1540868	1795076	2107810	2381663	3003404
技术获取和技术改造情况							
引进技术经费支出	万元	2740147	2320759	2687334	2616968	2327363	3372389
消化吸收经费支出	万元	439871	535294	643944	799672	576489	701834
购买境内技术经费支出	万元	158630	114429	268197	256854	297569	349999
技术改造经费支出	万元	3366845	3400666	3193758	3788272	3665235	3537583

2-1-9 制造业企业R&D及相关活动主要指标

主要指标	单位	2016	2017	2018	2019	2020	2021
企业基本情况							
#有R&D活动的企业	个	85396	100471	102980	126844	143739	165664
#有研发机构的企业	个	60993	69743	71744	84209	92771	107017
#有新产品销售的企业	个	75452	83508	93520	111047	126682	148274
R&D人员情况							
R&D人员	人	3682865	3858684	4103797	4271143	4591431	5341902
#女性	人	828171	872824	927271	946674	1033882	1205271
#研究人员	人	1212075	1217230	1264354	1302499	1379148	1497890
#全时人员	人	2682762	2885018	3089950	3203279	3450135	3824038
R&D人员折合全时当量	人年	2594780	2633102	2892214	3050489	3356496	3708626
R&D经费情况							
R&D经费内部支出	万元	105802593	116246712	125144216	135385064	147838121	169143488
按支出用途分							
1.日常性支出	万元	94337269	104330807	113189976	125234164	136808834	158345714
#人员劳务费	万元	31586710	34356395	37391240	39931461	47015938	50676665
2.资产性支出	万元	11465324	11915905	11954240	10150900	11029287	10797774
#仪器和设备	万元	11232925	11706370	11721056	9844758	10772071	10471977
按资金来源分							
政府资金	万元	3934538	3950547	4094011	5605382	4099285	5051886
企业资金	万元	100532524	111111060	119681234	129760586	143136659	163744335
境外资金	万元	406506	356336	446176	12796	392052	227292
其他资金	万元	929025	828769	922795	6301	210125	119975
R&D经费外部支出	万元	5718244	6518166	8128437	8288057	9328993	11994779
#对境内研究机构支出	万元	2739967	2602517	3234372	3007570	3316774	3948118
对境内高等学校支出	万元	611437	592046	519319	467817	489116	571455
对境外支出	万元	841275	1094643	1191027	1207898	1429635	1536147

2-1-9 续表

主 要 指 标	单位	2016	2017	2018	2019	2020	2021
企业办研发机构情况							
机构数	个	71943	81499	82000	94113	103543	118485
机构人员数	人	2837556	3170175	3105363	3345546	3632656	4035724
#博士	人	45455	48229	42008	42828	43566	50291
硕士	人	345353	375544	363285	370786	397938	442274
机构经费支出	万元	74915646	87665861	101058273	119723431	133375589	165555685
仪器和设备原价	万元	71289374	85807251	78115865	91377251	94901503	111215808
新产品开发及销售情况							
新产品开发项目数	项	385933	470885	550311	661204	775219	942339
新产品开发经费支出	万元	115813186	132722574	147698898	167437639	183454509	222783181
新产品销售收入	万元	1732867494	1895787388	1948308217	2096932213	2353288054	2923677950
#新产品出口	万元	326753766	349155460	361477276	391079539	438394304	523988409
自主知识产权及相关情况							
专利申请数	件	686002	786864	915884	1018994	1195111	1343548
#发明专利	件	274193	307355	355267	380514	421308	462070
有效发明专利数	件	748992	908886	1061683	1174993	1397644	1625986
拥有注册商标数	件	512570	564750	687885	818931	970407	1162973
形成国家或行业标准数	项	22543	23569	21703	26241	28621	33978
政府相关政策落实情况							
研究开发费用加计扣除减免税	万元	4767086	5577241	8645062	13697071	16687858	20414130
高新技术企业减免税	万元	8325207	10498219	12067222	13936141	16024191	24384953
技术获取和技术改造情况							
引进技术经费支出	万元	4730089	3895798	4628695	4733561	4574083	5071525
消化吸收经费支出	万元	1027672	1076068	905020	962680	752616	802095
购买境内技术经费支出	万元	1896451	1929741	4268888	5292383	4486089	4480689
技术改造经费支出	万元	26710292	27220210	28904525	34400563	32116034	34839382

第二部分

工业企业研发活动情况

2

工业企业基本情况

(2021)

2-2-1　分登记注册类型工业企业基本情况

单位：个

登记注册类型	有R&D活动	有研发机构	有新产品销售
合　计	**169224**	**108667**	**149434**
国有及国有控股	**8876**	**5062**	**6560**
内资企业	**152362**	**96483**	**134404**
国有企业	624	357	468
集体企业	136	61	96
股份合作企业	241	133	256
联营企业	23	14	17
有限责任公司	22785	14044	18831
国有独资公司	1321	727	933
其他有限责任公司	21464	13317	17898
股份有限公司	5408	3842	4915
私营企业	123115	78011	109798
私营独资企业	1833	912	1506
私营合伙企业	268	135	229
私营有限责任公司	112212	70367	99521
私营股份有限公司	8802	6597	8542
其他企业	30	21	23
港、澳、台商投资企业	**7973**	**6273**	**7036**
合资经营企业	2626	1892	2274
合作经营企业	79	61	69
港、澳、台商独资经营企业	4717	3877	4173
港、澳、台商投资股份有限公司	465	386	448
其他港、澳、台投资企业	86	57	72
外商投资企业	**8889**	**5911**	**7994**
中外合资经营企业	3268	2125	3004
中外合作经营企业	94	51	68
外资企业	5057	3397	4484
外商投资股份有限公司	404	283	381
其他外商投资企业	66	55	57

2-2-2 分登记注册类型大型工业企业基本情况

单位：个

登记注册类型	有R&D活动	有研发机构	有新产品销售
合 计	**6345**	**4717**	**5465**
国有及国有控股	**1618**	**1148**	**1216**
内资企业	**4562**	**3313**	**3859**
国有企业	116	86	92
有限责任公司	1780	1213	1368
国有独资公司	253	185	186
其他有限责任公司	1527	1028	1182
股份有限公司	962	772	857
私营企业	1698	1239	1538
私营独资企业	8	5	6
私营有限责任公司	1307	923	1151
私营股份有限公司	383	311	381
港、澳、台商投资企业	**854**	**704**	**784**
合资经营企业	240	190	226
合作经营企业	5	4	3
港、澳、台商独资经营企业	498	409	444
港、澳、台商投资股份有限公司	104	95	105
其他港、澳、台投资企业	7	6	6
外商投资企业	**929**	**700**	**822**
中外合资经营企业	289	234	274
中外合作经营企业	12	9	6
外资企业	538	393	460
外商投资股份有限公司	87	60	78
其他外商投资企业	3	4	4

2-2-3　分登记注册类型中型工业企业基本情况

单位：个

登记注册类型	有R&D活动	有研发机构	有新产品销售
合　计	**23448**	**16332**	**20771**
国有及国有控股	**2709**	**1679**	**2031**
内资企业	**18748**	**12764**	**16580**
国有企业	183	110	139
集体企业	21	9	13
股份合作企业	16	13	20
联营企业	4	3	2
有限责任公司	4823	3034	3906
国有独资公司	431	244	315
其他有限责任公司	4392	2790	3591
股份有限公司	1695	1263	1558
私营企业	11999	8327	10936
私营独资企业	83	44	65
私营合伙企业	28	10	21
私营有限责任公司	10234	7036	9235
私营股份有限公司	1654	1237	1615
其他企业	7	5	6
港、澳、台商投资企业	**2350**	**1883**	**2067**
合资经营企业	745	542	636
合作经营企业	20	17	18
港、澳、台商独资经营企业	1392	1156	1224
港、澳、台商投资股份有限公司	173	151	171
其他港、澳、台投资企业	20	17	18
外商投资企业	**2350**	**1685**	**2124**
中外合资经营企业	821	562	762
中外合作经营企业	32	18	20
外资企业	1356	1002	1215
外商投资股份有限公司	126	90	115
其他外商投资企业	15	13	12

2-2-4 分行业工业企业基本情况

单位：个

行　　业	有R&D活动	有研发机构	有新产品销售
合　计	**169224**	**108667**	**149434**
采矿业	**1584**	**747**	**627**
煤炭开采和洗选业	509	247	72
石油和天然气开采业	56	32	8
黑色金属矿采选业	188	70	61
有色金属矿采选业	238	100	105
非金属矿采选业	551	273	359
开采及其他辅助性活动	41	25	22
制造业	**165664**	**107017**	**148274**
农副食品加工业	6046	3047	5096
食品制造业	3236	1851	2993
酒、饮料和精制茶制造业	1396	863	1467
烟草制品业	78	63	58
纺织业	6598	4169	5646
纺织服装、服饰业	2731	1607	2380
皮革、毛皮、羽毛及其制品和制鞋业	2511	1369	2278
木材加工和木、竹、藤、棕、草制品业	2291	1053	1795
家具制造业	2229	1529	2122
造纸和纸制品业	2114	1456	1916
印刷和记录媒介复制业	2112	1468	1927
文教、工美、体育和娱乐用品制造业	3434	2123	3234
石油加工、炼焦和核燃料加工业	688	365	450
化学原料和化学制品制造业	10936	7036	9216
医药制造业	5209	3284	3989
化学纤维制造业	1000	596	805
橡胶和塑料制品业	9201	6397	8389
非金属矿物制品业	12082	6623	9293
黑色金属冶炼和压延加工业	1655	1004	1329
有色金属冶炼和压延加工业	3262	1933	2701
金属制品业	11508	7640	10204
通用设备制造业	16000	9991	14833
专用设备制造业	13345	8581	12102
汽车制造业	8160	5060	7868
铁路、船舶、航空航天和其他运输设备制造业	2790	1644	2438
电气机械和器材制造业	15707	11553	15148
计算机、通信和其他电子设备制造业	13824	11106	13526
仪器仪表制造业	3819	2556	3700
其他制造业	773	532	736
废弃资源综合利用业	742	427	527
金属制品、机械和设备修理业	187	91	108
电力、热力、燃气及水生产和供应业	**1976**	**903**	**533**
电力、热力生产和供应业	1258	540	312
燃气生产和供应业	304	152	85
水的生产和供应业	414	211	136

2-2-5 分行业大型工业企业基本情况

单位：个

行 业	有R&D活动	有研发机构	有新产品销售
合 计	**6345**	**4717**	**5465**
采矿业	**300**	**168**	**59**
煤炭开采和洗选业	203	110	25
石油和天然气开采业	31	19	5
黑色金属矿采选业	24	14	6
有色金属矿采选业	23	12	12
非金属矿采选业	7	5	4
开采及其他辅助性活动	12	8	7
其他采矿业			
制造业	**5934**	**4497**	**5392**
农副食品加工业	135	71	116
食品制造业	132	96	115
酒、饮料和精制茶制造业	91	73	74
烟草制品业	25	22	22
纺织业	179	130	156
纺织服装、服饰业	97	69	84
皮革、毛皮、羽毛及其制品和制鞋业	96	42	66
木材加工和木、竹、藤、棕、草制品业	12	7	13
家具制造业	71	59	74
造纸和纸制品业	68	49	62
印刷和记录媒介复制业	33	31	34
文教、工美、体育和娱乐用品制造业	80	71	78
石油加工、炼焦和核燃料加工业	128	74	79
化学原料和化学制品制造业	302	216	234
医药制造业	273	213	229
化学纤维制造业	70	60	66
橡胶和塑料制品业	191	151	194
非金属矿物制品业	202	138	178
黑色金属冶炼和压延加工业	243	171	191
有色金属冶炼和压延加工业	205	135	145
金属制品业	211	183	209
通用设备制造业	319	256	323
专用设备制造业	263	214	253
汽车制造业	425	331	439
铁路、船舶、航空航天和其他运输设备制造业	202	160	201
电气机械和器材制造业	645	527	631
计算机、通信和其他电子设备制造业	1103	848	1002
仪器仪表制造业	75	61	76
其他制造业	29	19	28
废弃资源综合利用业	6	3	4
金属制品、机械和设备修理业	23	17	16
电力、热力、燃气及水生产和供应业	**111**	**52**	**14**
电力、热力生产和供应业	77	33	9
燃气生产和供应业	12	10	3
水的生产和供应业	22	9	2

2-2-6 分行业中型工业企业基本情况

单位：个

行　业	有R&D活动	有研发机构	有新产品销售
合　计	**23448**	**16332**	**20771**
采矿业	**400**	**191**	**109**
煤炭开采和洗选业	202	102	15
黑色金属矿采选业	50	23	15
有色金属矿采选业	87	37	44
非金属矿采选业	43	21	29
开采及其他辅助性活动	11	7	6
制造业	**22728**	**16007**	**20609**
农副食品加工业	676	371	579
食品制造业	532	343	483
酒、饮料和精制茶制造业	215	140	204
烟草制品业	22	17	14
纺织业	1035	695	903
纺织服装、服饰业	570	367	464
皮革、毛皮、羽毛及其制品和制鞋业	416	231	322
木材加工和木、竹、藤、棕、草制品业	176	94	132
家具制造业	346	269	326
造纸和纸制品业	316	212	274
印刷和记录媒介复制业	289	213	264
文教、工美、体育和娱乐用品制造业	509	356	472
石油加工、炼焦和核燃料加工业	117	54	61
化学原料和化学制品制造业	1330	921	1089
医药制造业	1094	773	858
化学纤维制造业	136	87	120
橡胶和塑料制品业	888	690	839
非金属矿物制品业	1475	843	1183
黑色金属冶炼和压延加工业	235	131	165
有色金属冶炼和压延加工业	494	301	392
金属制品业	1205	935	1141
通用设备制造业	1625	1143	1604
专用设备制造业	1422	1037	1325
汽车制造业	1504	1013	1520
铁路、船舶、航空航天和其他运输设备制造业	480	332	419
电气机械和器材制造业	2267	1812	2239
计算机、通信和其他电子设备制造业	2669	2115	2590
仪器仪表制造业	499	384	471
其他制造业	99	71	93
废弃资源综合利用业	50	37	43
金属制品、机械和设备修理业	37	20	20
电力、热力、燃气及水生产和供应业	**320**	**134**	**53**
电力、热力生产和供应业	227	87	26
燃气生产和供应业	39	20	10
水的生产和供应业	54	27	17

2-2-7 分行业国有及国有控股工业企业基本情况

单位：个

行 业	有R&D活动	有研发机构	有新产品销售
合 计	**8876**	**5062**	**6560**
采矿业	**559**	**297**	**132**
煤炭开采和洗选业	301	158	30
石油和天然气开采业	45	22	6
黑色金属矿采选业	39	24	10
有色金属矿采选业	100	52	48
非金属矿采选业	59	33	31
开采及其他辅助性活动	14	8	7
制造业	**7337**	**4374**	**6229**
农副食品加工业	157	78	121
食品制造业	121	71	125
酒、饮料和精制茶制造业	88	71	105
烟草制品业	56	40	36
纺织业	57	37	52
纺织服装、服饰业	29	20	21
皮革、毛皮、羽毛及其制品和制鞋业	9	4	10
木材加工和木、竹、藤、棕、草制品业	25	13	17
家具制造业	7	5	6
造纸和纸制品业	48	31	38
印刷和记录媒介复制业	81	40	68
文教、工美、体育和娱乐用品制造业	26	15	31
石油加工、炼焦和核燃料加工业	134	69	90
化学原料和化学制品制造业	707	443	538
医药制造业	383	254	271
化学纤维制造业	47	27	41
橡胶和塑料制品业	152	108	146
非金属矿物制品业	806	423	502
黑色金属冶炼和压延加工业	143	90	126
有色金属冶炼和压延加工业	371	192	262
金属制品业	326	199	276
通用设备制造业	570	337	546
专用设备制造业	610	344	534
汽车制造业	494	308	537
铁路、船舶、航空航天和其他运输设备制造业	445	277	383
电气机械和器材制造业	478	292	466
计算机、通信和其他电子设备制造业	622	408	598
仪器仪表制造业	201	101	180
其他制造业	36	29	36
废弃资源综合利用业	56	23	31
金属制品、机械和设备修理业	52	25	36
电力、热力、燃气及水生产和供应业	**980**	**391**	**199**
电力、热力生产和供应业	695	252	117
燃气生产和供应业	71	42	24
水的生产和供应业	214	97	58

2-2-8　分行业内资工业企业基本情况

单位：个

行　　业	有R&D活动	有研发机构	有新产品销售
合　计	**152362**	**96483**	**134404**
采矿业	**1532**	**708**	**601**
煤炭开采和洗选业	498	240	71
石油和天然气开采业	50	25	6
黑色金属矿采选业	179	65	57
有色金属矿采选业	228	94	101
非金属矿采选业	537	263	346
开采及其他辅助性活动	39	21	20
制造业	**149149**	**95027**	**133345**
农副食品加工业	5687	2840	4789
食品制造业	2862	1564	2669
酒、饮料和精制茶制造业	1255	768	1349
烟草制品业	76	62	56
纺织业	5955	3715	5104
纺织服装、服饰业	2337	1347	2052
皮革、毛皮、羽毛及其制品和制鞋业	2239	1202	2082
木材加工和木、竹、藤、棕、草制品业	2217	1013	1725
家具制造业	2045	1360	1935
造纸和纸制品业	1859	1266	1700
印刷和记录媒介复制业	1920	1316	1751
文教、工美、体育和娱乐用品制造业	2985	1787	2802
石油加工、炼焦和核燃料加工业	642	336	415
化学原料和化学制品制造业	9880	6287	8315
医药制造业	4693	2920	3624
化学纤维制造业	888	524	710
橡胶和塑料制品业	8234	5644	7502
非金属矿物制品业	11524	6267	8822
黑色金属冶炼和压延加工业	1552	930	1244
有色金属冶炼和压延加工业	3046	1808	2535
金属制品业	10595	6910	9365
通用设备制造业	14445	8924	13372
专用设备制造业	12098	7717	10964
汽车制造业	6884	4195	6570
铁路、船舶、航空航天和其他运输设备制造业	2545	1494	2220
电气机械和器材制造业	14180	10326	13674
计算机、通信和其他电子设备制造业	11552	9298	11421
仪器仪表制造业	3427	2280	3323
其他制造业	668	448	653
废弃资源综合利用业	702	405	507
金属制品、机械和设备修理业	157	74	95
电力、热力、燃气及水生产和供应业	**1681**	**748**	**458**
电力、热力生产和供应业	1117	470	272
燃气生产和供应业	192	89	56
水的生产和供应业	372	189	130

2-2-9　分行业港澳台商投资工业企业基本情况

单位：个

行　　业	有R&D活动	有研发机构	有新产品销售
合　计	**7973**	**6273**	**7036**
采矿业	**29**	**21**	**12**
煤炭开采和洗选业	4	2	1
石油和天然气开采业	4	4	
黑色金属矿采选业	5	3	2
有色金属矿采选业	7	4	1
非金属矿采选业	8	6	7
制造业	**7787**	**6175**	**6986**
农副食品加工业	151	87	123
食品制造业	146	115	141
酒、饮料和精制茶制造业	65	45	43
纺织业	424	306	349
纺织服装、服饰业	252	163	197
皮革、毛皮、羽毛及其制品和制鞋业	178	100	121
木材加工和木、竹、藤、棕、草制品业	33	23	33
家具制造业	107	101	112
造纸和纸制品业	155	123	136
印刷和记录媒介复制业	131	111	122
文教、工美、体育和娱乐用品制造业	283	223	274
石油加工、炼焦和核燃料加工业	21	15	17
化学原料和化学制品制造业	487	365	410
医药制造业	244	173	169
化学纤维制造业	61	42	54
橡胶和塑料制品业	524	460	494
非金属矿物制品业	268	186	231
黑色金属冶炼和压延加工业	48	39	40
有色金属冶炼和压延加工业	107	73	87
金属制品业	486	435	441
通用设备制造业	548	440	524
专用设备制造业	538	417	506
汽车制造业	312	220	304
铁路、船舶、航空航天和其他运输设备制造业	84	62	82
电气机械和器材制造业	754	691	722
计算机、通信和其他电子设备制造业	1103	951	1030
仪器仪表制造业	168	130	150
其他制造业	66	55	53
废弃资源综合利用业	29	15	14
金属制品、机械和设备修理业	13	8	6
电力、热力、燃气及水生产和供应业	**157**	**77**	**38**
电力、热力生产和供应业	87	41	26
燃气生产和供应业	48	23	8
水的生产和供应业	22	13	4

2-2-10 分行业外商投资工业企业基本情况

单位：个

行业	有R&D活动	有研发机构	有新产品销售
合计	**8889**	**5911**	**7994**
采矿业	**23**	**18**	**14**
煤炭开采和洗选业	7	5	
黑色金属矿采选业	4	2	2
有色金属矿采选业	3	2	3
非金属矿采选业	6	4	6
制造业	**8728**	**5815**	**7943**
农副食品加工业	208	120	184
食品制造业	228	172	183
酒、饮料和精制茶制造业	76	50	75
纺织业	219	148	193
纺织服装、服饰业	142	97	131
皮革、毛皮、羽毛及其制品和制鞋业	94	67	75
木材加工和木、竹、藤、棕、草制品业	41	17	37
家具制造业	77	68	75
造纸和纸制品业	100	67	80
印刷和记录媒介复制业	61	41	54
文教、工美、体育和娱乐用品制造业	166	113	158
石油加工、炼焦和核燃料加工业	25	14	18
化学原料和化学制品制造业	569	384	491
医药制造业	272	191	196
化学纤维制造业	51	30	41
橡胶和塑料制品业	443	293	393
非金属矿物制品业	290	170	240
黑色金属冶炼和压延加工业	55	35	45
有色金属冶炼和压延加工业	109	52	79
金属制品业	427	295	398
通用设备制造业	1007	627	937
专用设备制造业	709	447	632
汽车制造业	964	645	994
铁路、船舶、航空航天和其他运输设备制造业	161	88	136
电气机械和器材制造业	773	536	752
计算机、通信和其他电子设备制造业	1169	857	1075
仪器仪表制造业	224	146	227
其他制造业	39	29	30
废弃资源综合利用业	11	7	6
金属制品、机械和设备修理业	17	9	7
电力、热力、燃气及水生产和供应业	**138**	**78**	**37**
电力、热力生产和供应业	54	29	14
燃气生产和供应业	64	40	21
水的生产和供应业	20	9	2

2-2-11　各地区工业企业基本情况

单位：个

地　　区	有R&D活动	有研发机构	有新产品销售
全　　国	**169224**	**108667**	**149434**
东部地区	112390	79152	101001
中部地区	37767	22540	33943
西部地区	15870	6130	11667
东北地区	3197	845	2823
北　　京	1243	454	1409
天　　津	1649	537	1598
河　　北	3906	2375	3540
山　　西	976	1385	745
内 蒙 古	482	135	232
辽　　宁	2123	498	1881
吉　　林	429	142	450
黑 龙 江	645	205	492
上　　海	2722	791	2992
江　　苏	27303	16244	21392
浙　　江	26189	20131	26560
安　　徽	7982	6014	8229
福　　建	6908	1933	4236
江　　西	5986	5056	6482
山　　东	15647	6370	12862
河　　南	6091	2781	4017
湖　　北	6733	4531	6487
湖　　南	9999	2773	7983
广　　东	26688	30261	26332
广　　西	1386	644	1168
海　　南	135	56	80
重　　庆	3361	1739	2892
四　　川	4798	1696	3334
贵　　州	1591	445	891
云　　南	1254	438	790
西　　藏	15	3	11
陕　　西	1557	544	1617
甘　　肃	470	141	287
青　　海	92	23	53
宁　　夏	556	205	220
新　　疆	308	117	172

2-2-12 各地区大型工业企业基本情况

单位：个

地 区	有R&D活动	有研发机构	有新产品销售
全 国	**6345**	**4717**	**5465**
东部地区	3959	3150	3631
中部地区	1260	942	1021
西部地区	912	513	633
东北地区	214	112	180
北 京	72	56	77
天 津	73	44	67
河 北	200	136	153
山 西	159	170	62
内蒙古	95	27	36
辽 宁	118	57	100
吉 林	41	19	34
黑龙江	55	36	46
上 海	127	76	118
江 苏	823	588	738
浙 江	586	522	621
安 徽	224	173	212
福 建	345	169	241
江 西	170	150	167
山 东	571	375	500
河 南	322	196	233
湖 北	217	170	196
湖 南	168	83	151
广 东	1151	1180	1112
广 西	62	33	49
海 南	11	4	4
重 庆	141	100	132
四 川	213	133	175
贵 州	69	46	46
云 南	71	40	39
陕 西	125	61	85
甘 肃	35	22	27
青 海	16	8	5
宁 夏	28	14	17
新 疆	55	29	22

2-2-13 各地区中型工业企业基本情况

单位：个

地　区	有R&D活动	有研发机构	有新产品销售
全　国	**23448**	**16332**	**20771**
东部地区	15178	11698	13942
中部地区	4940	3149	4283
西部地区	2782	1313	2080
东北地区	548	172	466
北　京	250	133	261
天　津	250	149	258
河　北	535	345	452
山　西	241	302	135
内蒙古	140	33	60
辽　宁	349	102	311
吉　林	104	32	99
黑龙江	95	38	56
上　海	439	202	483
江　苏	3247	2253	2777
浙　江	3133	2760	3255
安　徽	826	615	821
福　建	1330	455	865
江　西	744	676	774
山　东	1854	963	1641
河　南	1100	556	753
湖　北	868	612	811
湖　南	1161	388	989
广　东	4107	4418	3933
广　西	265	133	216
海　南	33	20	17
重　庆	655	399	583
四　川	809	400	620
贵　州	190	75	125
云　南	189	76	117
西　藏	4		1
陕　西	268	104	235
甘　肃	78	28	44
青　海	16	5	8
宁　夏	105	41	44
新　疆	63	19	27

2-2-14 各地区国有及国有控股工业企业基本情况

单位：个

地区	有R&D活动	有研发机构	有新产品销售
全国	**8876**	**5062**	**6560**
东部地区	3870	2405	3017
中部地区	2298	1520	1667
西部地区	2302	989	1534
东北地区	406	148	342
北京	319	148	337
天津	218	106	195
河北	288	177	204
山西	282	342	143
内蒙古	133	35	48
辽宁	228	84	199
吉林	57	22	51
黑龙江	121	42	92
上海	289	136	284
江苏	771	506	565
浙江	295	242	226
安徽	428	306	356
福建	226	77	124
江西	288	214	246
山东	888	449	639
河南	424	202	252
湖北	418	277	341
湖南	458	179	329
广东	559	560	437
广西	172	85	138
海南	17	4	6
重庆	312	177	254
四川	469	218	334
贵州	239	99	144
云南	245	100	131
西藏	7		2
陕西	385	146	304
甘肃	137	50	91
青海	32	13	10
宁夏	67	21	33
新疆	104	45	45

2-2-15 各地区内资工业企业基本情况

单位：个

地区	有R&D活动	有研发机构	有新产品销售
全国	**152362**	**96483**	**134404**
东部地区	98097	68349	88194
中部地区	36255	21575	32583
西部地区	15183	5805	11087
东北地区	2827	754	2540
北京	1027	371	1144
天津	1390	436	1329
河北	3716	2250	3372
山西	935	1344	719
内蒙古	454	124	216
辽宁	1829	432	1652
吉林	381	128	412
黑龙江	617	194	476
上海	1995	529	2181
江苏	23217	13844	18216
浙江	24024	18082	24289
安徽	7589	5744	7852
福建	5793	1554	3483
江西	5679	4791	6172
山东	14537	5850	11942
河南	5893	2683	3878
湖北	6445	4344	6216
湖南	9714	2669	7746
广东	22280	25384	22168
广西	1288	576	1068
海南	118	49	70
重庆	3187	1652	2713
四川	4615	1623	3188
贵州	1559	435	876
云南	1205	418	755
西藏	14	3	10
陕西	1478	511	1554
甘肃	463	141	284
青海	89	21	51
宁夏	536	191	207
新疆	295	110	165

2-2-16　各地区港澳台商投资工业企业基本情况

单位：个

地　区	有R&D活动	有研发机构	有新产品销售
全　国	**7973**	**6273**	**7036**
东部地区	6940	5694	6148
中部地区	679	434	608
西部地区	255	115	202
东北地区	99	30	78
北　京	131	53	21
天　津	222	83	29
河　北	198	66	46
山　西	63	11	10
内蒙古	54	16	8
辽　宁	299	77	24
吉　林	54	12	4
黑龙江	48	10	2
上　海	804	216	85
江　苏	2914	1512	928
浙　江	1876	1032	959
安　徽	354	151	105
福　建	1830	681	220
江　西	417	167	149
山　东	858	389	193
河　南	222	83	38
湖　北	302	112	75
湖　南	267	155	57
广　东	7977	2898	3210
广　西	229	36	28
海　南	38	10	3
重　庆	129	54	28
四　川	198	74	24
贵　州	57	19	4
云　南	73	25	11
陕　西	55	16	4
甘　肃	20	3	
青　海	9	1	1
宁　夏	14	5	4
新　疆	38	6	3

2-2-17 各地区外商投资工业企业基本情况

单位：个

地 区	有R&D活动	有研发机构	有新产品销售
全 国	**8889**	**5911**	**7994**
东部地区	7353	5109	6659
中部地区	833	531	752
西部地区	432	210	378
东北地区	271	61	205
北 京	163	62	206
天 津	176	72	192
河 北	124	79	118
山 西	30	31	20
内 蒙 古	12	3	7
辽 宁	217	42	169
吉 林	36	10	26
黑 龙 江	18	9	10
上 海	511	177	566
江 苏	2574	1472	2009
浙 江	1133	1090	1233
安 徽	242	165	236
福 建	434	159	312
江 西	140	116	137
山 东	721	327	607
河 南	115	60	82
湖 北	176	112	168
湖 南	130	47	109
广 东	1510	1667	1413
广 西	62	40	60
海 南	7	4	3
重 庆	120	59	125
四 川	109	49	95
贵 州	13	6	4
云 南	24	9	15
陕 西	63	29	52
甘 肃	4		2
青 海	2	1	1
宁 夏	15	10	11
新 疆	7	4	5

第二部分

工业企业研发活动情况

3

工业企业R&D人员情况

(2021)

2-3-1 分登记注册类型工业企业R&D人员情况

登记注册类型	R&D人员（人）	#女性	#研究人员	#全时人员	R&D人员折合全时当量（人年）
合　计	**5559580**	**1234522**	**1575230**	**3932866**	**3826651**
国有及国有控股	**940945**	**181355**	**385021**	**615577**	**602300**
内资企业	**4549593**	**989225**	**1289554**	**3197374**	**3110457**
国有企业	62035	13249	26747	42194	39239
集体企业	3597	814	893	2191	2693
股份合作企业	4418	978	818	3132	3115
联营企业	886	197	331	698	482
国有联营企业	560	97	229	425	275
集体联营企业	48	10	17	36	24
国有与集体联营企业	106	30	26	94	70
其他联营企业	172	60	59	143	113
有限责任公司	1263771	254441	424394	876275	851692
国有独资公司	141955	26463	62172	88865	85555
其他有限责任公司	1121816	227978	362222	787410	766137
股份有限公司	605882	136341	231700	435105	417814
私营企业	2604575	582372	602715	1835000	1793534
私营独资企业	20878	4581	4971	13581	13001
私营合伙企业	3211	652	749	2175	1945
私营有限责任公司	2232606	499693	497776	1563244	1531991
私营股份有限公司	347880	77446	99219	256000	246597
其他企业	4429	833	1956	2779	1889
港、澳、台商投资企业	**489602**	**119791**	**125142**	**361994**	**354588**
合资经营企业	151987	34560	40232	110565	111564
合作经营企业	3728	664	694	2769	2315
港、澳、台商独资经营企业	263861	68973	58988	194646	190860
港、澳、台商投资股份有限公司	65843	14750	24106	50849	47194
其他港、澳、台投资企业	4183	844	1122	3165	2655
外商投资企业	**520385**	**125506**	**160534**	**373498**	**361606**
中外合资经营企业	194519	42188	66209	139313	135834
中外合作经营企业	5400	915	1266	2692	3112
外资企业	271947	69242	75439	197438	188559
外商投资股份有限公司	45793	12549	16773	32023	32280
其他外商投资企业	2726	612	847	2032	1820

2-3-2 分登记注册类型大型工业企业R&D人员情况

登记注册类型	R&D人员（人）	#女性	#研究人员	#全时人员	R&D人员折合全时当量（人年）
合 计	**1959900**	**421727**	**671618**	**1412089**	**1379830**
国有及国有控股	**620158**	**119440**	**267044**	**406305**	**397873**
内资企业	**1445895**	**297544**	**515313**	**1026562**	**1006517**
国有企业	39453	8714	18255	27356	24986
集体企业	859	268	274	539	814
股份合作企业	619	171	36	557	441
联营企业	249	67	127	224	71
有限责任公司	620383	119457	230039	436500	430988
国有独资公司	92902	17294	43139	56247	53567
其他有限责任公司	527481	102163	186900	380253	377421
股份有限公司	398967	87292	161755	283270	274262
私营企业	385365	81575	104827	278116	274956
私营独资企业	1629	266	444	1281	1041
私营有限责任公司	283866	59354	71816	200497	202243
私营股份有限公司	99870	21955	32567	76338	71672
其他企业					
港、澳、台商投资企业	**256104**	**61452**	**71239**	**194643**	**190548**
合资经营企业	71382	14121	19956	53725	54942
合作经营企业	1096	129	212	887	660
港、澳、台商独资经营企业	135555	36791	33008	102594	100792
港、澳、台商投资股份有限公司	46497	10076	17575	36185	33159
其他港、澳、台投资企业	1574	335	488	1252	996
外商投资企业	**257901**	**62731**	**85066**	**190884**	**182764**
中外合资经营企业	95191	20017	35656	69520	68454
中外合作经营企业	2148	234	583	925	1207
外资企业	131775	34467	38655	101160	92809
外商投资股份有限公司	28239	7872	10005	18924	19946
其他外商投资企业	548	141	167	355	349

2-3-3 分登记注册类型中型工业企业R&D人员情况

登记注册类型	R&D人员（人）	#女性	#研究人员	#全时人员	R&D人员折合全时当量（人年）
合 计	**1412321**	**328889**	**378055**	**986581**	**972653**
国有及国有控股	**200449**	**39494**	**73913**	**128749**	**128914**
内资企业	**1125429**	**256640**	**302459**	**785883**	**772577**
国有企业	14578	2941	5466	9911	9094
集体企业	917	136	242	600	605
股份合作企业	816	110	202	580	632
联营企业	281	57	87	197	213
国有联营企业	253	49	83	175	191
国有与集体联营企业	4	1	2	2	2
其他联营企业	24	7	2	20	20
有限责任公司	323619	68932	100008	214379	213063
国有独资公司	32226	6057	12537	21292	21306
其他有限责任公司	291393	62875	87471	193087	191757
股份有限公司	138464	33288	47508	100972	97311
私营企业	646401	151117	148852	458958	451374
私营独资企业	3716	808	1012	2731	2027
私营合伙企业	1078	157	249	762	576
私营有限责任公司	525357	123632	114514	370153	364879
私营股份有限公司	116250	26520	33077	85312	83892
其他企业	353	59	94	286	285
港、澳、台商投资企业	**140138**	**36157**	**32491**	**99368**	**99474**
合资经营企业	47959	12807	12170	33298	34130
合作经营企业	1458	288	211	1072	858
港、澳、台商独资经营企业	75345	19383	15047	53452	53382
港、澳、台商投资股份有限公司	13974	3468	4758	10486	10221
其他港、澳、台投资企业	1402	211	305	1060	884
外商投资企业	**146754**	**36092**	**43105**	**101330**	**100601**
中外合资经营企业	55013	12264	17663	38151	37558
中外合作经营企业	2062	473	425	1041	1102
外资企业	77303	20045	20121	53051	53384
外商投资股份有限公司	11303	3079	4510	8185	7837
其他外商投资企业	1073	231	386	902	720

2-3-4 分行业工业企业R&D人员情况

行业	R&D人员(人)	#女性	#研究人员	#全时人员	R&D人员折合全时当量(人年)
合计	**5559580**	**1234522**	**1575230**	**3932866**	**3826651**
采矿业	**143059**	**17572**	**47983**	**70497**	**77177**
煤炭开采和洗选业	75066	3190	20124	28077	37372
石油和天然气开采业	27232	8407	14140	20175	16650
黑色金属矿采选业	7444	890	1867	3897	4511
有色金属矿采选业	10872	1183	2971	5804	7042
非金属矿采选业	9068	1567	2137	5432	6172
开采及其他辅助性活动	13283	2309	6728	7027	5426
其他采矿业	94	26	16	85	4
制造业	**5341902**	**1205271**	**1497890**	**3824038**	**3708626**
农副食品加工业	102794	31265	24907	66363	65454
食品制造业	80602	29754	19871	52789	51406
酒、饮料和精制茶制造业	37255	10695	9998	21538	21245
烟草制品业	6144	1634	2723	3229	3597
纺织业	159697	58449	25670	100882	107400
纺织服装、服饰业	69212	33821	11888	46502	48096
皮革、毛皮、羽毛及其制品和制鞋业	57717	22127	8134	41101	40092
木材加工和木、竹、藤、棕、草制品业	32936	7693	6450	21367	22177
家具制造业	53705	13177	9490	37954	36626
造纸和纸制品业	58102	12187	9322	39001	38581
印刷和记录媒介复制业	43686	11557	8011	28046	29472
文教、工美、体育和娱乐用品制造业	76187	23347	14117	53743	53136
石油加工、炼焦和核燃料加工业	39937	7164	11362	20522	23418
化学原料和化学制品制造业	296383	69961	84801	204725	200470
医药制造业	224586	103241	88051	168874	154596
化学纤维制造业	39702	9837	7448	24548	26413
橡胶和塑料制品业	203293	45666	38202	141757	142305
非金属矿物制品业	260380	50764	55715	169778	171493
黑色金属冶炼和压延加工业	145930	18189	37311	79715	92522
有色金属冶炼和压延加工业	123094	18923	30203	76461	79397
金属制品业	250950	43862	51428	169826	172474
通用设备制造业	410933	66400	116347	294463	291787
专用设备制造业	364242	63470	117214	272501	250408
汽车制造业	376354	62892	125540	282889	260452
铁路、船舶、航空航天和其他运输设备制造业	163886	35114	64876	120595	112074
电气机械和器材制造业	532992	113081	146526	394751	377165
计算机、通信和其他电子设备制造业	955266	209391	310123	759349	712827
仪器仪表制造业	129856	22556	48838	101264	93297
其他制造业	23756	5399	6808	15324	15396
废弃资源综合利用业	13135	2626	3168	8524	8526
金属制品、机械和设备修理业	9190	1029	3348	5657	6324
电力、热力、燃气及水生产和供应业	**74619**	**11679**	**29357**	**38331**	**40847**
电力、热力生产和供应业	57884	8246	23920	28616	30396
燃气生产和供应业	8304	1477	2502	4482	5085
水的生产和供应业	8431	1956	2935	5233	5367

2-3-5　分行业大型工业企业R&D人员情况

行　　业	R&D人员(人)	#女性	#研究人员	#全时人员	R&D人员折合全时当量(人年)
合　计	**1959900**	**421727**	**671618**	**1412089**	**1379830**
采矿业	**106890**	**13909**	**39373**	**51510**	**57121**
煤炭开采和洗选业	59920	2504	16778	20972	30417
石油和天然气开采业	25926	8095	13485	19169	15885
黑色金属矿采选业	3251	347	983	1629	1932
有色金属矿采选业	4342	480	1291	2724	3219
非金属矿采选业	920	255	354	383	687
开采及其他辅助性活动	12531	2228	6482	6633	4981
制造业	**1821276**	**402257**	**617062**	**1345746**	**1306734**
农副食品加工业	13490	4681	3319	7862	8608
食品制造业	17104	5940	4345	11036	11288
酒、饮料和精制茶制造业	14262	3687	4396	7822	7813
烟草制品业	4779	1324	2238	2371	2806
纺织业	33473	13592	4982	21062	22897
纺织服装、服饰业	17144	8960	2982	10592	12363
皮革、毛皮、羽毛及其制品和制鞋业	15558	7261	1955	11489	10736
木材加工和木、竹、藤、棕、草制品业	1821	478	248	908	1259
家具制造业	15399	4002	3139	11607	10949
造纸和纸制品业	15386	2633	2805	10211	10145
印刷和记录媒介复制业	4884	1513	1003	2719	3397
文教、工美、体育和娱乐用品制造业	12900	4012	2509	9351	9184
石油加工、炼焦和核燃料加工业	24503	4145	7950	12266	14151
化学原料和化学制品制造业	61759	12372	19343	40321	39571
医药制造业	74621	35811	32622	59163	53719
化学纤维制造业	20066	4679	3689	12204	13010
橡胶和塑料制品业	42120	9815	8068	30636	30877
非金属矿物制品业	38971	7453	9100	25744	27057
黑色金属冶炼和压延加工业	111083	13465	30649	59291	69982
有色金属冶炼和压延加工业	46306	6358	13034	26152	29285
金属制品业	40176	6739	9541	25678	27732
通用设备制造业	83868	14276	31364	62185	63127
专用设备制造业	76130	14407	32199	58584	50466
汽车制造业	165098	26398	71045	131663	115516
铁路、船舶、航空航天和其他运输设备制造业	86529	21493	40043	65473	60135
电气机械和器材制造业	180215	37721	60934	139705	131747
计算机、通信和其他电子设备制造业	562557	121593	195911	460784	440411
仪器仪表制造业	25718	4588	11825	20141	18895
其他制造业	9712	2000	3600	5249	5515
废弃资源综合利用业	1117	255	255	773	755
金属制品、机械和设备修理业	4527	606	1969	2704	3339
电力、热力、燃气及水生产和供应业	**31734**	**5561**	**15183**	**14833**	**15975**
电力、热力生产和供应业	28170	4629	13834	13148	13478
燃气生产和供应业	1977	490	730	928	1462
水的生产和供应业	1587	442	619	757	1035

2-3-6 分行业中型工业企业R&D人员情况

行　业	R&D人员（人）	#女性	#研究人员	#全时人员	R&D人员折合全时当量（人年）
合　计	**1412321**	**328889**	**378055**	**986581**	**972653**
采矿业	**23726**	**1838**	**5701**	**11422**	**12470**
煤炭开采和洗选业	13151	480	2936	6009	6083
石油和天然气开采业	724	226	386	593	431
黑色金属矿采选业	2662	318	565	1291	1616
有色金属矿采选业	4264	427	1122	1909	2410
非金属矿采选业	2268	303	483	1244	1600
开采及其他辅助性活动	563	58	193	291	327
其他采矿业	94	26	16	85	4
制造业	**1371670**	**324943**	**366496**	**966611**	**950618**
农副食品加工业	25257	7948	5945	16902	16461
食品制造业	25016	9750	5854	15430	15852
酒、饮料和精制茶制造业	8723	2557	2149	5054	5124
烟草制品业	779	163	252	430	511
纺织业	56157	20697	8578	34993	37755
纺织服装、服饰业	24977	12978	4090	17792	17494
皮革、毛皮、羽毛及其制品和制鞋业	17192	6777	2059	12737	12172
木材加工和木、竹、藤、棕、草制品业	6854	1685	1397	4922	5082
家具制造业	14942	3764	2343	10344	10488
造纸和纸制品业	16296	3716	2518	11099	10733
印刷和记录媒介复制业	13032	3623	2230	8654	9173
文教、工美、体育和娱乐用品制造业	24215	7662	4515	17509	17181
石油加工、炼焦和核燃料加工业	9501	1684	1933	4214	5460
化学原料和化学制品制造业	86112	21309	25419	58978	59727
医药制造业	73642	34392	29644	54209	50519
化学纤维制造业	7945	1946	1551	4837	5310
橡胶和塑料制品业	47436	10373	9141	33309	33727
非金属矿物制品业	74564	14184	15748	46423	48485
黑色金属冶炼和压延加工业	15388	1775	2981	8594	9883
有色金属冶炼和压延加工业	31638	4947	7200	19821	20507
金属制品业	65351	10905	14039	44869	46070
通用设备制造业	106551	17634	32059	77618	76109
专用设备制造业	96534	17397	31556	71714	68751
汽车制造业	96999	16390	27823	69339	67558
铁路、船舶、航空航天和其他运输设备制造业	37109	6890	13009	27165	25882
电气机械和器材制造业	145363	31032	37864	104771	102526
计算机、通信和其他电子设备制造业	194845	43826	57305	147556	136479
仪器仪表制造业	39208	6933	14662	30540	28442
其他制造业	5141	1315	1357	3879	3779
废弃资源综合利用业	2925	519	654	1760	2034
金属制品、机械和设备修理业	1978	172	621	1149	1341
电力、热力、燃气及水生产和供应业	**16925**	**2108**	**5858**	**8548**	**9565**
电力、热力生产和供应业	12811	1309	4457	5925	7142
燃气生产和供应业	1924	333	560	1213	1084
水的生产和供应业	2190	466	841	1410	1340

2-3-7 分行业国有及国有控股工业企业R&D人员情况

行　业	R&D人员（人）	#女性	#研究人员	#全时人员	R&D人员折合全时当量（人年）
合　计	**940945**	**181355**	**385021**	**615577**	**602300**
采矿业	**116970**	**14867**	**43082**	**56086**	**62188**
煤炭开采和洗选业	64210	2699	18628	22945	32213
石油和天然气开采业	26257	8269	13610	19413	16122
黑色金属矿采选业	3907	469	1255	1896	2199
有色金属矿采选业	7308	700	2321	3761	4785
非金属矿采选业	2552	464	737	1350	1793
开采及其他辅助性活动	12642	2240	6515	6636	5072
其他采矿业	94	26	16	85	4
制造业	**768826**	**157972**	**317631**	**533473**	**511079**
农副食品加工业	3282	1004	904	1915	1867
食品制造业	5757	1997	1632	3632	3483
酒、饮料和精制茶制造业	9562	2648	3179	5499	5336
烟草制品业	5594	1534	2584	2819	3235
纺织业	5010	2071	956	3370	3337
纺织服装、服饰业	1482	652	275	958	1034
皮革、毛皮、羽毛及其制品和制鞋业	406	155	54	221	198
木材加工和木、竹、藤、棕、草制品业	609	81	157	473	336
家具制造业	445	100	236	383	329
造纸和纸制品业	4253	999	1177	2484	2390
印刷和记录媒介复制业	3015	763	759	1843	1882
文教、工美、体育和娱乐用品制造业	1049	299	214	575	742
石油加工、炼焦和核燃料加工业	17537	3648	6322	7812	9424
化学原料和化学制品制造业	53797	9956	18294	33914	33907
医药制造业	23653	12418	9978	16798	16515
化学纤维制造业	6159	1245	1879	3468	3305
橡胶和塑料制品业	9272	2100	2737	6549	6670
非金属矿物制品业	34592	5433	8365	17311	20744
黑色金属冶炼和压延加工业	47748	6741	19853	26726	30128
有色金属冶炼和压延加工业	43275	5711	13578	23225	25953
金属制品业	20795	3479	7923	13299	13191
通用设备制造业	50284	9082	21595	37531	36186
专用设备制造业	49370	8426	22691	36555	32971
汽车制造业	97008	17243	45948	78084	66130
铁路、船舶、航空航天和其他运输设备制造业	90044	22479	43858	67090	62436
电气机械和器材制造业	37280	7664	15756	28924	26260
计算机、通信和其他电子设备制造业	116767	24217	52575	90582	82970
仪器仪表制造业	15014	2962	7362	12326	10157
其他制造业	9179	1862	4050	5472	5483
废弃资源综合利用业	1611	334	494	640	1011
金属制品、机械和设备修理业	4977	669	2246	2995	3469
电力、热力、燃气及水生产和供应业	**55149**	**8516**	**24308**	**26018**	**29034**
电力、热力生产和供应业	47216	6845	21398	21862	24265
燃气生产和供应业	2654	438	969	1117	1485
水的生产和供应业	5279	1233	1941	3039	3284

2-3-8 分行业内资工业企业R&D人员情况

行　业	R&D人员(人)	#女性	#研究人员	#全时人员	R&D人员折合全时当量(人年)
合　计	**4549593**	**989225**	**1289554**	**3197374**	**3110457**
采矿业	**137249**	**17104**	**46176**	**68227**	**74473**
煤炭开采和洗选业	71624	3079	19134	27226	35988
石油和天然气开采业	26308	8272	13620	19458	16149
黑色金属矿采选业	7164	815	1839	3816	4418
有色金属矿采选业	10290	1123	2797	5425	6616
非金属矿采选业	8535	1482	2067	5233	5893
开采及其他辅助性活动	13234	2307	6703	6984	5405
其他采矿业	94	26	16	85	4
制造业	**4346974**	**961889**	**1216819**	**3095689**	**3000468**
农副食品加工业	90053	27179	21756	59097	57579
食品制造业	62593	22871	15934	43394	40467
酒、饮料和精制茶制造业	30449	9037	8690	18825	17347
烟草制品业	6000	1570	2666	3117	3526
纺织业	131525	47971	21306	83304	87560
纺织服装、服饰业	50353	23886	9164	34338	34628
皮革、毛皮、羽毛及其制品和制鞋业	42821	15535	5788	30036	29854
木材加工和木、竹、藤、棕、草制品业	31244	7191	6107	20226	20990
家具制造业	44821	10828	8209	31552	30072
造纸和纸制品业	43564	9552	6730	28889	29067
印刷和记录媒介复制业	35795	8953	6721	23516	24120
文教、工美、体育和娱乐用品制造业	58248	17554	11320	40832	40337
石油加工、炼焦和核燃料加工业	38319	6845	10922	19544	22363
化学原料和化学制品制造业	261077	60863	73709	179258	175760
医药制造业	181882	82332	69499	134932	124799
化学纤维制造业	32242	8258	6244	19814	21739
橡胶和塑料制品业	161930	36369	30254	112520	112252
非金属矿物制品业	234259	45567	50249	152356	153241
黑色金属冶炼和压延加工业	135961	17129	35640	75292	86909
有色金属冶炼和压延加工业	112609	17299	27663	69495	72887
金属制品业	215919	38107	44952	146370	147828
通用设备制造业	343954	55315	94683	245042	242671
专用设备制造业	309451	52884	99106	230600	212507
汽车制造业	258201	44284	80356	191688	174556
铁路、船舶、航空航天和其他运输设备制造业	148528	32332	59401	108593	101424
电气机械和器材制造业	443519	92052	121481	328626	314631
计算机、通信和其他电子设备制造业	691022	143714	234434	552115	515745
仪器仪表制造业	110420	18538	41825	86424	79193
其他制造业	20476	4540	6330	13214	13177
废弃资源综合利用业	12234	2442	2913	7929	7864
金属制品、机械和设备修理业	7505	892	2767	4751	5375
电力、热力、燃气及水生产和供应业	**65370**	**10232**	**26559**	**33458**	**35517**
电力、热力生产和供应业	54004	7922	22680	26584	28409
燃气生产和供应业	4001	646	1326	2207	2338
水的生产和供应业	7365	1664	2553	4667	4770

2-3-9　分行业港澳台商投资工业企业R&D人员情况

行　业	R&D人员（人）	#女性	#研究人员	#全时人员	R&D人员折合全时当量（人年）
合　计	**489602**	**119791**	**125142**	**361994**	**354588**
采矿业	**3402**	**306**	**1157**	**1398**	**1469**
煤炭开采和洗选业	2072	82	715	700	836
石油和天然气开采业	605	132	338	437	271
黑色金属矿采选业	79	11	12	32	33
有色金属矿采选业	219	22	49	116	138
非金属矿采选业	390	59	22	80	175
开采及其他辅助性活动	37		21	33	16
制造业	**481444**	**118686**	**122487**	**358230**	**350403**
农副食品加工业	4013	1426	972	2774	2548
食品制造业	5977	2175	1473	3936	4061
酒、饮料和精制茶制造业	2746	630	505	1405	1746
烟草制品业	97	51	30	87	41
纺织业	19578	7248	3080	12125	14445
纺织服装、服饰业	13234	6844	1957	8458	9682
皮革、毛皮、羽毛及其制品和制鞋业	9269	3795	1347	6691	6227
木材加工和木、竹、藤、棕、草制品业	962	340	192	649	702
家具制造业	4654	1140	655	3629	3515
造纸和纸制品业	9152	1524	1618	6525	6281
印刷和记录媒介复制业	5469	1789	828	3239	3734
文教、工美、体育和娱乐用品制造业	12916	4428	1879	9102	9267
石油加工、炼焦和核燃料加工业	889	162	244	536	622
化学原料和化学制品制造业	16606	4298	4759	12072	11674
医药制造业	21305	10007	9221	16372	14816
化学纤维制造业	5207	1167	816	3264	3455
橡胶和塑料制品业	24396	5721	4229	17977	17919
非金属矿物制品业	14745	2728	2725	10281	10614
黑色金属冶炼和压延加工业	4815	602	897	3000	2914
有色金属冶炼和压延加工业	6159	816	1311	4333	3640
金属制品业	20193	3257	3426	13817	14283
通用设备制造业	22859	3876	6815	18010	17492
专用设备制造业	23461	4703	7374	17911	17140
汽车制造业	35777	3838	13771	29539	27229
铁路、船舶、航空航天和其他运输设备制造业	6003	1137	2034	4664	4073
电气机械和器材制造业	47089	10197	10999	35141	33804
计算机、通信和其他电子设备制造业	131192	32240	35726	103712	99526
仪器仪表制造业	8809	1799	2815	6566	6481
其他制造业	2185	539	258	1267	1360
废弃资源综合利用业	743	153	194	475	543
金属制品、机械和设备修理业	944	56	337	673	568
电力、热力、燃气及水生产和供应业	**4756**	**799**	**1498**	**2366**	**2716**
电力、热力生产和供应业	2153	198	687	1074	1007
燃气生产和供应业	2053	461	589	900	1380
水的生产和供应业	550	140	222	392	330

2-3-10 分行业外商投资工业企业R&D人员情况

行业	R&D人员(人)	#女性	#研究人员	#全时人员	R&D人员折合全时当量(人年)
合计	**520385**	**125506**	**160534**	**373498**	**361606**
采矿业	**2408**	**162**	**650**	**872**	**1236**
煤炭开采和洗选业	1370	29	275	151	548
石油和天然气开采业	319	3	182	280	230
黑色金属矿采选业	201	64	16	49	60
有色金属矿采选业	363	38	125	263	288
非金属矿采选业	143	26	48	119	104
开采及其他辅助性活动	12	2	4	10	6
制造业	**513484**	**124696**	**158584**	**370119**	**357756**
农副食品加工业	8728	2660	2179	4492	5328
食品制造业	12032	4708	2464	5459	6878
酒、饮料和精制茶制造业	4060	1028	803	1308	2152
烟草制品业	47	13	27	25	30
纺织业	8594	3230	1284	5453	5396
纺织服装、服饰业	5625	3091	767	3706	3786
皮革、毛皮、羽毛及其制品和制鞋业	5627	2797	999	4374	4010
木材加工和木、竹、藤、棕、草制品业	730	162	151	492	485
家具制造业	4230	1209	626	2773	3039
造纸和纸制品业	5386	1111	974	3587	3232
印刷和记录媒介复制业	2422	815	462	1291	1617
文教、工美、体育和娱乐用品制造业	5023	1365	918	3809	3532
石油加工、炼焦和核燃料加工业	729	157	196	442	434
化学原料和化学制品制造业	18700	4800	6333	13395	13036
医药制造业	21399	10902	9331	17570	14982
化学纤维制造业	2253	412	388	1470	1220
橡胶和塑料制品业	16967	3576	3719	11260	12134
非金属矿物制品业	11376	2469	2741	7141	7638
黑色金属冶炼和压延加工业	5154	458	774	1423	2699
有色金属冶炼和压延加工业	4326	808	1229	2633	2870
金属制品业	14838	2498	3050	9639	10363
通用设备制造业	44120	7209	14849	31411	31625
专用设备制造业	31330	5883	10734	23990	20762
汽车制造业	82376	14770	31413	61662	58667
铁路、船舶、航空航天和其他运输设备制造业	9355	1645	3441	7338	6576
电气机械和器材制造业	42384	10832	14046	30984	28731
计算机、通信和其他电子设备制造业	133052	33437	39963	103522	97556
仪器仪表制造业	10627	2219	4198	8274	7623
其他制造业	1095	320	220	843	859
废弃资源综合利用业	158	31	61	120	119
金属制品、机械和设备修理业	741	81	244	233	382
电力、热力、燃气及水生产和供应业	**4493**	**648**	**1300**	**2507**	**2614**
电力、热力生产和供应业	1727	126	553	958	979
燃气生产和供应业	2250	370	587	1375	1367
水的生产和供应业	516	152	160	174	267

2-3-11 各地区工业企业R&D人员情况

地　区	R&D人员（人）	#女性	#研究人员	#全时人员	R&D人员折合全时当量（人年）
全　国	**5559580**	**1234522**	**1575230**	**3932866**	**3826651**
东部地区	3686182	833318	993938	2669633	2610821
中部地区	1127812	236699	328681	777011	757360
西部地区	596268	129156	196306	384184	363747
东北地区	149318	35349	56305	102038	94724
北　京	61490	17048	27266	48592	41496
天　津	77928	19505	26899	54582	49404
河　北	135827	26898	36043	89130	83401
山　西	62573	8854	16881	37867	35468
内蒙古	28933	5258	9670	15399	15433
辽　宁	99111	22323	35374	66466	63156
吉　林	25398	6450	11381	20448	16124
黑龙江	24809	6576	9550	15124	15444
上　海	136693	32557	52421	103436	93966
江　苏	863212	197405	247002	609619	612676
浙　江	644524	146395	134894	441366	482140
安　徽	248221	48668	68574	162599	170421
福　建	259342	64642	65747	204322	186328
江　西	140382	31569	34751	102546	97497
山　东	529468	126733	143036	376282	349379
河　南	241034	52058	67107	164897	162562
湖　北	220314	49043	68410	154445	147504
湖　南	215288	46507	72958	154657	143908
广　东	972954	200486	258879	739607	709119
广　西	45701	10021	13536	27550	28508
海　南	4744	1649	1751	2697	2911
重　庆	131478	27944	39542	94254	83845
四　川	158826	35736	57081	109143	95650
贵　州	44499	8776	13260	26173	26717
云　南	46377	9534	12765	25137	28234
西　藏	687	122	282	335	266
陕　西	78236	19257	31053	54365	50997
甘　肃	21018	4338	7266	11902	12547
青　海	3455	810	1331	1788	1626
宁　夏	20144	4217	5387	10659	10930
新　疆	16914	3143	5133	7479	8995

2-3-12 各地区大型工业企业R&D人员情况

地 区	R&D人员(人)	#女性	#研究人员	#全时人员	R&D人员折合全时当量(人年)
全 国	**1959900**	**421727**	**671618**	**1412089**	**1379830**
东部地区	1266376	280184	420512	946560	924102
中部地区	384936	75488	125993	264231	266610
西部地区	243260	50883	95894	155557	147744
东北地区	65328	15172	29219	45741	41374
北 京	24694	6508	10858	19245	18294
天 津	30014	7185	11436	20089	17707
河 北	61871	10458	18993	40298	37780
山 西	40309	4953	11543	24112	23341
内蒙古	16420	3188	6239	9426	8406
辽 宁	35967	8000	15195	24738	22485
吉 林	15807	3639	8102	13434	10474
黑龙江	13554	3533	5922	7569	8416
上 海	54297	13308	24889	41369	38062
江 苏	249134	56516	79420	180455	179661
浙 江	144249	33464	45949	103446	108668
安 徽	85048	15038	26953	53314	60809
福 建	91200	21684	27352	73179	66363
江 西	41210	9322	11701	29682	28235
山 东	189276	45506	61404	137564	129999
河 南	100934	20062	31035	69889	71380
湖 北	69320	15951	26489	51955	49300
湖 南	48115	10162	18272	35279	33545
广 东	419968	85048	139528	330142	326627
广 西	18249	3200	7764	9836	11300
海 南	1673	507	683	773	941
重 庆	44550	9523	17093	33672	27955
四 川	61448	13758	26190	43049	37004
贵 州	15668	2970	4894	8885	8861
云 南	18383	3028	5481	9371	11493
西 藏	297	39	143	170	124
陕 西	39530	9945	17424	27384	25973
甘 肃	11233	2074	4410	5821	7120
青 海	1645	396	709	743	788
宁 夏	5018	761	1817	2464	2701
新 疆	10819	2001	3730	4736	6018

2-3-13 各地区中型工业企业R&D人员情况

地　区	R&D人员（人）	#女性	#研究人员	#全时人员	R&D人员折合全时当量（人年）
全　国	**1412321**	**328889**	**378055**	**986581**	**972653**
东部地区	941914	224169	242130	673560	666237
中部地区	274529	61145	76620	186368	183523
西部地区	161926	35199	48473	103952	100915
东北地区	33952	8376	10832	22701	21978
北　京	18560	5700	8662	14741	12045
天　津	20654	5696	7117	14816	13822
河　北	29092	6768	6847	19222	17659
山　西	13598	2273	3227	7987	7452
内蒙古	7848	1258	2171	3354	4638
辽　宁	24495	5730	7527	16347	16122
吉　林	4803	1392	1743	3461	2952
黑龙江	4654	1254	1562	2893	2903
上　海	34639	8769	12693	26988	24127
江　苏	225851	52697	64766	159171	162179
浙　江	179765	41781	36096	124351	136071
安　徽	57697	12145	15121	37732	40333
福　建	72629	19840	17531	57210	52304
江　西	31559	7185	7600	23283	21906
山　东	130134	32512	34255	90241	86062
河　南	59277	13564	15649	37717	39442
湖　北	56029	13661	15656	38748	36661
湖　南	56369	12317	19367	40901	37729
广　东	228871	49711	53468	165815	160973
广　西	12460	2958	2720	7330	7537
海　南	1719	695	695	1005	994
重　庆	41731	9064	11033	29078	27568
四　川	41453	9619	14128	28833	26077
贵　州	12329	2026	3980	7278	7537
云　南	11075	2422	3163	5800	6620
西　藏	227	32	79	51	69
陕　西	19022	4479	7042	13530	12592
甘　肃	4411	945	1362	2766	2409
青　海	925	156	276	546	370
宁　夏	7238	1689	1689	3948	3793
新　疆	3207	551	830	1438	1704

2-3-14　各地区国有及国有控股工业企业R&D人员情况

地　　区	R&D人员（人）	#女性	#研究人员	#全时人员	R&D人员折合全时当量（人年）
全　　国	**940945**	**181355**	**385021**	**615577**	**602300**
东部地区	386413	77240	157973	262934	254392
中部地区	263604	43640	101086	169991	170927
西部地区	234766	47333	99202	143571	141585
东北地区	56162	13142	26760	39081	35397
北　　京	24838	6671	11265	18826	16700
天　　津	17944	4597	8422	11390	9991
河　　北	24251	5054	9612	15883	13968
山　　西	32003	4521	11930	17558	16664
内 蒙 古	12776	2066	5863	6226	6267
辽　　宁	29588	6599	13674	20297	18782
吉　　林	12951	2775	6856	10882	7829
黑 龙 江	13623	3768	6230	7902	8786
上　　海	39232	8342	18698	27424	28638
江　　苏	72176	13409	28536	49706	47665
浙　　江	16361	2989	5898	9675	10956
安　　徽	56536	7060	17772	30640	34779
福　　建	25707	4412	10501	18947	18923
江　　西	17865	3082	6401	12606	12725
山　　东	98912	18825	37021	67540	65525
河　　南	68486	12092	25146	44402	45613
湖　　北	53248	11026	24493	40575	36571
湖　　南	35466	5859	15344	24210	24575
广　　东	66046	12742	27490	43304	41625
广　　西	13965	2298	6329	7611	8367
海　　南	946	199	530	239	402
重　　庆	35657	7239	14884	25707	22005
四　　川	53655	10734	24400	36088	32574
贵　　州	21115	3794	7979	11657	12771
云　　南	19595	3371	7319	9764	11967
西　　藏	485	57	212	175	147
陕　　西	47026	12066	20982	31631	30708
甘　　肃	13829	2491	5050	7192	8160
青　　海	2065	469	889	1166	1016
宁　　夏	5272	910	1858	2284	2704
新　　疆	9326	1838	3437	4070	4897

2-3-15 各地区内资工业企业R&D人员情况

地 区	R&D人员（人）	#女性	#研究人员	#全时人员	R&D人员折合全时当量（人年）
全 国	**4549593**	**989225**	**1289554**	**3197374**	**3110457**
东部地区	2852810	627087	762172	2059658	2015875
中部地区	1024188	213700	299782	703318	683524
西部地区	551411	119110	181147	352941	333798
东北地区	121184	29328	46453	81457	77260
北 京	46106	12526	20724	36813	30160
天 津	59807	14803	21185	41444	38513
河 北	110627	22703	27186	71817	68089
山 西	56821	8392	16160	33913	31322
内蒙古	27361	4795	9187	14539	14529
辽 宁	77532	17597	28486	51201	49416
吉 林	19962	5368	8758	15812	12980
黑龙江	23690	6363	9209	14444	14864
上 海	82056	18450	29555	60461	55515
江 苏	640916	142285	182351	448908	453833
浙 江	543707	122167	105842	369804	405023
安 徽	224353	43409	60945	145313	152263
福 建	189510	45616	48816	147885	135285
江 西	126800	28200	31030	92522	88770
山 东	465002	107587	124119	330266	308352
河 南	221042	47142	62206	152495	148942
湖 北	199129	44606	61807	139209	131363
湖 南	196043	41951	67634	139866	130864
广 东	711037	139446	200872	550033	518623
广 西	37563	8432	10262	21447	22735
海 南	4042	1504	1522	2227	2480
重 庆	115874	24385	34525	82256	73096
四 川	149421	33665	53835	102831	89881
贵 州	43647	8588	12998	25595	26216
云 南	44537	9031	12251	24152	27098
西 藏	628	113	266	282	226
陕 西	72601	17919	29154	50775	46715
甘 肃	20798	4306	7193	11767	12407
青 海	3250	753	1275	1768	1577
宁 夏	19409	4054	5175	10180	10511
新 疆	16322	3069	5026	7349	8807

2-3-16 各地区港澳台商投资工业企业R&D人员情况

地　区	R&D人员（人）	#女性	#研究人员	#全时人员	R&D人员折合全时当量（人年）
全　国	**489602**	**119791**	**125142**	**361994**	**354588**
东部地区	423124	104311	107509	312774	307079
中部地区	45203	10441	11469	33972	33575
西部地区	14824	3412	4230	10379	9799
东北地区	6451	1627	1934	4869	4136
北　京	5681	1451	2621	4773	4454
天　津	5573	1477	1721	3875	3903
河　北	12548	1938	5126	9990	7953
山　西	443	104	82	336	306
内蒙古	706	141	245	449	449
辽　宁	5336	1438	1524	3936	3380
吉　林	729	100	237	648	501
黑龙江	386	89	173	285	255
上　海	14773	4058	5827	11787	11482
江　苏	95467	23831	26468	69242	68048
浙　江	52436	12641	14498	37647	40678
安　徽	9142	2089	3052	6774	7005
福　建	42830	11520	9978	34621	30493
江　西	5742	1655	1392	4275	4029
山　东	26029	6885	6854	17176	15883
河　南	9056	2006	2075	7005	6825
湖　北	8370	1598	2038	5632	6931
湖　南	12450	2989	2830	9950	8479
广　东	167495	40445	34304	123433	123978
广　西	1043	212	203	562	703
海　南	292	65	112	230	207
重　庆	6447	1574	1857	5194	4492
四　川	3885	874	1194	2476	2495
贵　州	516	115	144	395	285
云　南	841	214	279	467	522
陕　西	987	214	236	603	679
甘　肃	79	16	24	54	51
青　海	8	5	4	7	1
宁　夏	121	24	19	90	87
新　疆	191	23	25	82	35

2-3-17 各地区外商投资工业企业R&D人员情况

地区	R&D人员(人)	#女性	#研究人员	#全时人员	R&D人员折合全时当量(人年)
全国	**520385**	**125506**	**160534**	**373498**	**361606**
东部地区	410248	101920	124257	297201	287868
中部地区	58421	12558	17430	39721	40261
西部地区	30033	6634	10929	20864	20150
东北地区	21683	4394	7918	15712	13327
北京	9703	3071	3921	7006	6881
天津	12548	3225	3993	9263	6987
河北	12652	2257	3731	7323	7359
山西	5309	358	639	3618	3840
内蒙古	866	322	238	411	455
辽宁	16243	3288	5364	11329	10360
吉林	4707	982	2386	3988	2642
黑龙江	733	124	168	395	325
上海	39864	10049	17039	31188	26969
江苏	126829	31289	38183	91469	90795
浙江	48381	11587	14554	33915	36440
安徽	14726	3170	4577	10512	11154
福建	27002	7506	6953	21816	20550
江西	7840	1714	2329	5749	4698
山东	38437	12261	12063	28840	25144
河南	10936	2910	2826	5397	6795
湖北	12815	2839	4565	9604	9210
湖南	6795	1567	2494	4841	4565
广东	94422	20595	23703	66141	66518
广西	7095	1377	3071	5541	5070
海南	410	80	117	240	225
重庆	9157	1985	3160	6804	6257
四川	5520	1197	2052	3836	3273
贵州	336	73	118	183	215
云南	999	289	235	518	614
西藏	59	9	16	53	40
陕西	4648	1124	1663	2987	3603
甘肃	141	16	49	81	89
青海	197	52	52	13	48
宁夏	614	139	193	389	332
新疆	401	51	82	48	152

第二部分

工业企业研发活动情况

4 工业企业 R&D 经费支出情况 (2021)

2-4-1-1　分登记注册类型工业企业R&D经费内部支出情况

单位：万元

登记注册类型	R&D经费内部支出	日常性支出	#人员劳务费	资产性支出	#仪器和设备	#政府资金	#企业资金
合　计	**175142461**	**163843613**	**52384243**	**11298849**	**10951182**	**5114596**	**169672996**
国有及国有控股	**40448718**	**36983907**	**11621338**	**3464811**	**3376213**	**2725527**	**37651684**
内资企业	**141368113**	**132097117**	**40591780**	**9270996**	**8987324**	**4527174**	**136677488**
国有企业	2184859	2028484	687734	156375	149871	155921	2021215
集体企业	77613	59357	21546	18256	18139	707	70672
股份合作企业	92066	87152	26123	4914	4806	1501	90440
联营企业	31291	27957	9907	3334	3331	38	31253
国有联营企业	13510	13377	6233	132	132		13510
集体联营企业	1939	1869	795	71	69		1939
国有与集体联营企业	2012	2009	704	3	2	8	2004
其他联营企业	13830	10702	2176	3128	3128	30	13800
有限责任公司	48566964	44741270	14306928	3825694	3735720	2615846	45891517
国有独资公司	5119846	4641251	1417218	478595	467271	474201	4626099
其他有限责任公司	43447118	40100019	12889710	3347099	3268450	2141644	41265419
股份有限公司	22381297	21157256	7541056	1224042	1177983	967872	21392837
私营企业	67819713	63785828	17966987	4033886	3893208	777324	66974174
私营独资企业	554746	486710	105637	68036	67036	2799	550171
私营合伙企业	65635	61001	13781	4633	4484	361	65208
私营有限责任公司	57414744	54027880	14433953	3386864	3269861	579897	56783550
私营股份有限公司	9784589	9210236	3413616	574353	551827	194268	9575245
其他企业	214311	209815	31501	4496	4267	7966	205381
港、澳、台商投资企业	**14480915**	**13582098**	**5254545**	**898817**	**873179**	**202396**	**14230938**
合资经营企业	4704589	4346985	1450007	357603	348351	99156	4602938
合作经营企业	140062	129006	23707	11056	10845	272	139790
港、澳、台商独资经营企业	6956895	6512178	2548014	444718	433394	57576	6854824
港、澳、台商投资股份有限公司	2551142	2470391	1195090	80752	76033	41147	2509482
其他港、澳、台投资企业	128227	123538	37728	4688	4557	4244	123905
外商投资企业	**19293434**	**18164398**	**6537917**	**1129035**	**1090679**	**385026**	**18764570**
中外合资经营企业	8989571	8364185	2401636	625386	606989	158017	8785506
中外合作经营企业	153495	146110	45989	7385	7272	2430	150983
外资企业	8247762	7862868	3475387	384894	368710	179820	7973691
外商投资股份有限公司	1795844	1719645	581223	76199	72680	44337	1748112
其他外商投资企业	106763	71590	33683	35173	35028	422	106278

2-4-1-2 分登记注册类型大型工业企业R&D经费内部支出情况

单位：万元

登记注册类型	R&D经费内部支出	日常性支出	#人员劳务费	资产性支出	#仪器和设备	#政府资金	#企业资金
合　计	**82584747**	**77011640**	**26622969**	**5573107**	**5419224**	**3431377**	**78987518**
国有及国有控股	**30023640**	**27204878**	**8569645**	**2818762**	**2753210**	**2259718**	**27707792**
内资企业	**62106796**	**57706881**	**19474673**	**4399914**	**4284937**	**3030153**	**59002415**
国有企业	1536628	1417840	485723	118788	114126	128418	1402847
集体企业	16062	16062	7782				9828
股份合作企业	16249	14560	5291	1689	1686		16249
联营企业	15186	12869	5745	2318	2318		15186
其他联营企业	7937	5729	2011	2208	2208		7937
有限责任公司	28997009	26512335	9185506	2484674	2434961	2018326	26940184
国有独资公司	3550379	3258236	1009319	292143	283771	389789	3145097
其他有限责任公司	25446630	23254099	8176188	2192531	2151190	1628536	23795088
股份有限公司	16238937	15354511	5495409	884426	851887	740802	15480184
私营企业	15286724	14378704	4289216	908020	879958	142608	15137937
私营独资企业	97796	56563	14795	41233	40969		96549
私营有限责任公司	11664972	10982283	2916467	682690	664171	89945	11571136
私营股份有限公司	3523956	3339858	1357955	184098	174818	52663	3470252
其他企业							
港、澳、台商投资企业	**8567985**	**8046370**	**3276087**	**521615**	**506576**	**123169**	**8412740**
合资经营企业	2506832	2325548	779073	181284	176049	65389	2441442
合作经营企业	56844	56818	5506	26	13		56844
港、澳、台商独资经营企业	4038579	3741789	1538631	296790	290569	30883	3975770
港、澳、台商投资股份有限公司	1919477	1876444	938141	43033	39531	24097	1895230
其他港、澳、台投资企业	46252	45771	14736	482	414	2798	43454
外商投资企业	**11909966**	**11258389**	**3872209**	**651578**	**627712**	**278055**	**11572363**
中外合资经营企业	6057623	5621159	1455721	436464	423600	92590	5946950
中外合作经营企业	87375	83071	23854	4305	4279	2138	85237
外资企业	4590424	4425131	2011728	165293	156580	161408	4387550
外商投资股份有限公司	1163408	1118062	374255	45347	43100	21919	1141490
其他外商投资企业	11136	10967	6651	169	153		11136

2-4-1-3　分登记注册类型中型工业企业R&D经费内部支出情况

单位：万元

登记注册类型	R&D经费内部支出	日常性支出	#人员劳务费	资产性支出	#仪器和设备	#政府资金	#企业资金
合　计	**40233579**	**37566536**	**11982548**	**2667043**	**2582209**	**895781**	**39226787**
国有及国有控股	**6677219**	**6231539**	**1941078**	**445680**	**429967**	**333411**	**6332076**
内资企业	**32190543**	**30070432**	**9134350**	**2120111**	**2049730**	**794399**	**31352925**
国有企业	403348	375353	123469	27995	26983	23616	377497
集体企业	30953	14353	5236	16599	16552	30	30923
股份合作企业	25862	25445	6631	418	412	691	25171
联营企业	7395	6475	1616	920	920		7395
国有联营企业	3795	3795	1478				3795
国有与集体联营企业	123	123	30				123
其他联营企业	3477	2557	109	920	920		3477
有限责任公司	10635652	9863137	2737705	772515	751272	391947	10232769
国有独资公司	1044812	895757	268752	149056	147174	62875	979198
其他有限责任公司	9590840	8967381	2468952	623459	604098	329073	9253571
股份有限公司	4315717	4065805	1423306	249912	239256	169650	4144733
私营企业	16760957	15709645	4832481	1051312	1014110	206532	16525772
私营独资企业	107501	100697	26649	6804	6688	699	106563
私营合伙企业	18092	16747	4168	1345	1343		18092
私营有限责任公司	13410234	12594469	3652082	815765	785852	128469	13263878
私营股份有限公司	3225131	2997733	1149583	227398	220227	77364	3137240
其他企业	10659	10219	3906	440	225	1932	8666
港、澳、台商投资企业	**3603090**	**3352396**	**1272407**	**250693**	**244534**	**56949**	**3536090**
合资经营企业	1368056	1234954	428301	133102	130577	24257	1342410
合作经营企业	51339	41097	10543	10241	10089		51339
港、澳、台商独资经营企业	1676408	1602967	627332	73441	71009	18583	1649315
港、澳、台商投资股份有限公司	470712	438340	192663	32372	31347	12797	457762
其他港、澳、台投资企业	36576	35039	13569	1537	1512	1311	35265
外商投资企业	**4439947**	**4143708**	**1575792**	**296239**	**287945**	**44433**	**4337772**
中外合资经营企业	1753393	1642383	559408	111010	107464	22310	1708306
中外合作经营企业	41268	38940	13015	2328	2296	242	41026
外资企业	2183487	2053525	852954	129962	125953	10796	2141021
外商投资股份有限公司	394955	376401	135226	18554	17920	10994	380666
其他外商投资企业	66843	32459	15189	34384	34312	91	66752

2-4-1-4 分行业工业企业R&D经费内部支出情况

单位：万元

行业	R&D经费内部支出	日常性支出	#人员劳务费	资产性支出	#仪器和设备	#政府资金	#企业资金
合计	**175142461**	**163843613**	**52384243**	**11298849**	**10951182**	**5114596**	**169672996**
采矿业	**3704550**	**3503372**	**1155579**	**201178**	**189442**	**43376**	**3658078**
煤炭开采和洗选业	1432707	1317727	441542	114981	111937	14149	1418078
石油和天然气开采业	928971	890370	427054	38601	34572	17755	910426
黑色金属矿采选业	340915	331607	61816	9308	7197	939	339427
有色金属矿采选业	296065	280606	73728	15459	13997	5023	290834
非金属矿采选业	298396	284462	48419	13934	13260	2816	295173
开采及其他辅助性活动	405948	397053	102322	8896	8480	2694	402592
其他采矿业	1548	1548	698				1548
制造业	**169143488**	**158345714**	**50676665**	**10797774**	**10471977**	**5051886**	**163744335**
农副食品加工业	3487656	3367796	468757	119860	113591	42976	3440342
食品制造业	1566227	1458534	469728	107693	102227	40064	1524872
酒、饮料和精制茶制造业	652116	605645	207952	46472	43449	13643	637929
烟草制品业	253316	228740	150463	24576	23880	744	250626
纺织业	2316639	2125516	768174	191123	183205	17890	2296234
纺织服装、服饰业	1144132	1112204	358076	31928	29768	14185	1128795
皮革、毛皮、羽毛及其制品和制鞋业	1039997	1010819	283028	29179	27909	5778	1031998
木材加工和木、竹、藤、棕、草制品业	901351	840854	150404	60497	59010	5476	894998
家具制造业	1020229	988074	318947	32155	30574	4865	1014685
造纸和纸制品业	1360732	1280160	351805	80573	76922	12048	1347159
印刷和记录媒介复制业	955613	883453	255987	72161	70340	5736	949408
文教、工美、体育和娱乐用品制造业	1075814	1001442	418556	74372	71230	10327	1062902
石油加工、炼焦和核燃料加工业	1882810	1747877	285757	134933	128681	7373	1875401
化学原料和化学制品制造业	8571439	7977418	2387887	594022	565019	171808	8391107
医药制造业	9424368	8741782	2235693	682587	660247	230224	9165269
化学纤维制造业	1693471	1585044	285920	108427	105981	17165	1675838
橡胶和塑料制品业	5181497	4861729	1309035	319768	310490	42659	5128386
非金属矿物制品业	5525801	4982903	1431031	542897	525921	60846	5462588
黑色金属冶炼和压延加工业	9066768	8708098	1035619	358670	347858	260628	8805611
有色金属冶炼和压延加工业	4753455	4493237	727555	260218	251500	94882	4648105
金属制品业	6830432	6463112	1476798	367320	354372	157423	6662992
通用设备制造业	11190808	10569196	3692811	621612	599352	257064	10896916
专用设备制造业	10354332	9830687	3588303	523646	505505	349608	9963731
汽车制造业	14146421	13340616	4510279	805805	778705	180890	13936256
铁路、船舶、航空航天和其他运输设备制造业	6202086	5784319	1792319	417766	406508	1266678	4923272
电气机械和器材制造业	18181397	17307624	4927996	873774	843619	222221	17925677
计算机、通信和其他电子设备制造业	35777882	32728561	14926740	3049321	2997931	1335174	34353183
仪器仪表制造业	3132725	2985018	1508639	147707	143550	126100	2999952
其他制造业	662692	609298	200712	53394	51888	92110	567326
废弃资源综合利用业	585573	536556	71471	49017	47861	3686	581603
金属制品、机械和设备修理业	205708	189403	80226	16305	14884	1612	201173
电力、热力、燃气及水生产和供应业	**2294424**	**1994527**	**551999**	**299897**	**289764**	**19334**	**2270583**
电力、热力生产和供应业	1842448	1578256	423070	264192	256969	15561	1822443
燃气生产和供应业	267792	252526	69709	15266	13146	282	267511
水的生产和供应业	184183	163744	59220	20439	19649	3492	180629

2-4-1-5 分行业大型工业企业R&D经费内部支出情况

单位：万元

行业	R&D经费内部支出	日常性支出	#人员劳务费	资产性支出	#仪器和设备	#政府资金	#企业资金
合 计	**82584747**	**77011640**	**26622969**	**5573107**	**5419224**	**3431377**	**78987518**
采矿业	**2613558**	**2466880**	**970974**	**146677**	**137202**	**31437**	**2580467**
煤炭开采和洗选业	1110035	1025461	374596	84573	82413	12714	1097119
石油和天然气开采业	840241	801777	415045	38464	34537	16067	823384
黑色金属矿采选业	131377	128182	40241	3195	1482	672	130705
有色金属矿采选业	113825	102501	33085	11324	10053	315	113510
非金属矿采选业	25181	24825	10457	356	354	779	24402
开采及其他辅助性活动	392899	384134	97550	8765	8363	890	391347
制造业	**79152875**	**73844799**	**25406511**	**5308075**	**5167718**	**3388483**	**75603747**
农副食品加工业	436197	423817	73237	12380	11823	4781	430966
食品制造业	480221	452522	136031	27699	25603	18465	461416
酒、饮料和精制茶制造业	255811	245115	110506	10696	9238	6644	249167
烟草制品业	221295	199289	133901	22006	21334	744	218604
纺织业	531139	508715	187263	22424	21158	2507	528514
纺织服装、服饰业	269325	267750	120583	1575	1392	4227	265098
皮革、毛皮、羽毛及其制品和制鞋业	248396	246445	97814	1951	1855	1840	245236
木材加工和木、竹、藤、棕、草制品业	34423	32923	9510	1500	1494	27	34396
家具制造业	329242	321080	133001	8162	7917	1868	327373
造纸和纸制品业	543466	526115	124750	17350	17044	4935	538530
印刷和记录媒介复制业	76209	72976	34194	3233	3192	388	75821
文教、工美、体育和娱乐用品制造业	251872	227870	99619	24001	23216	2296	247697
石油加工、炼焦和核燃料加工业	1287541	1178458	206115	109083	103874	4528	1282979
化学原料和化学制品制造业	2241984	2063935	626775	178049	164195	56364	2181464
医药制造业	4341835	4077829	943948	264006	255228	118896	4213348
化学纤维制造业	970966	906679	159735	64288	63056	4324	966642
橡胶和塑料制品业	1235780	1179586	342359	56194	54209	11027	1218375
非金属矿物制品业	1122438	953975	273624	168464	166267	14476	1107962
黑色金属冶炼和压延加工业	7683659	7412989	849104	270670	262031	244827	7438701
有色金属冶炼和压延加工业	2152331	2034966	291844	117364	113722	44716	2098332
金属制品业	1255587	1185747	301236	69840	66828	87705	1165216
通用设备制造业	3406519	3240456	1182699	166063	155562	126305	3266376
专用设备制造业	3034081	2851547	1059168	182534	175993	146950	2874898
汽车制造业	8825725	8395273	2875336	430452	414700	130045	8680204
铁路、船舶、航空航天和其他运输设备制造业	3979605	3699981	1145096	279624	273655	1163722	2808329
电气机械和器材制造业	8239331	7785672	2429654	453659	439679	119915	8110197
计算机、通信和其他电子设备制造业	24383827	22136424	10891980	2247403	2218566	937365	23386599
仪器仪表制造业	783952	738008	409080	45944	45129	46454	737432
其他制造业	347598	306631	113102	40967	40543	81459	264822
废弃资源综合利用业	70270	70260	5683	10	10	35	70235
金属制品、机械和设备修理业	112253	101767	39567	10485	9206	650	108819
电力、热力、燃气及水生产和供应业	**818314**	**699960**	**245484**	**118354**	**114304**	**11457**	**803304**
电力、热力生产和供应业	723449	608782	198845	114667	111118	10297	709597
燃气生产和供应业	73866	70575	35880	3291	2969	10	73856
水的生产和供应业	21000	20603	10760	397	217	1149	19851

2-4-1-6 分行业中型工业企业R&D经费内部支出情况

单位：万元

行 业	R&D经费内部支出	日常性支出	#人员劳务费	资产性支出	#仪器和设备	#政府资金	#企业资金
合 计	**40233579**	**37566536**	**11982548**	**2667043**	**2582209**	**895781**	**39226787**
采矿业	**582245**	**547130**	**127132**	**35115**	**34035**	**8895**	**572355**
煤炭开采和洗选业	254929	230314	60202	24614	23932	1404	253285
石油和天然气开采业	12034	12022	6976	13		262	11773
黑色金属矿采选业	125618	122819	16398	2800	2631	180	124889
有色金属矿采选业	111725	109947	28546	1778	1667	4399	107119
非金属矿采选业	66237	60358	10656	5879	5786	890	65348
开采及其他辅助性活动	10154	10123	3656	31	20	1761	8393
其他采矿业	1548	1548	698				1548
制造业	**38951899**	**36440620**	**11722399**	**2511279**	**2429660**	**882330**	**37960024**
农副食品加工业	830394	795340	129272	35054	33631	11497	818628
食品制造业	438773	403084	138113	35689	34393	9603	428920
酒、饮料和精制茶制造业	178481	159152	41771	19329	18421	3078	175391
烟草制品业	19382	17418	10885	1964	1943		19382
纺织业	816596	743401	284977	73195	70435	6543	809301
纺织服装、服饰业	396452	380735	128967	15717	14674	6218	389559
皮革、毛皮、羽毛及其制品和制鞋业	302076	290350	87792	11726	11121	907	300791
木材加工和木、竹、藤、棕、草制品业	221741	211476	43260	10266	9780	1919	219493
家具制造业	272170	263022	86819	9149	8486	888	271172
造纸和纸制品业	384951	364805	103514	20146	18659	2613	380915
印刷和记录媒介复制业	300626	281067	90612	19560	19202	1857	298647
文教、工美、体育和娱乐用品制造业	316596	299681	142456	16914	16021	2236	314160
石油加工、炼焦和核燃料加工业	418175	401600	48031	16575	16326	1279	416896
化学原料和化学制品制造业	2756444	2567467	759848	188977	182303	52715	2701541
医药制造业	2926619	2669816	761814	256804	248764	59705	2852312
化学纤维制造业	328434	312434	59202	16001	15596	2926	325508
橡胶和塑料制品业	1232677	1144895	356354	87782	85842	12590	1218768
非金属矿物制品业	1641387	1486229	442563	155158	149518	14434	1626310
黑色金属冶炼和压延加工业	774357	716272	90170	58085	56900	10226	763813
有色金属冶炼和压延加工业	1281338	1207252	185025	74086	72041	24603	1255894
金属制品业	1991351	1891419	456439	99931	96413	38686	1949172
通用设备制造业	2867187	2700468	1028295	166719	163085	55329	2803742
专用设备制造业	2752882	2626091	1058309	126791	122066	96823	2632118
汽车制造业	2749109	2561622	897797	187487	181987	30833	2709364
铁路、船舶、航空航天和其他运输设备制造业	1177014	1090296	372265	86718	83348	80007	1094087
电气机械和器材制造业	4480015	4283523	1186998	196492	188852	50371	4413196
计算机、通信和其他电子设备制造业	5892875	5427295	2187990	465580	452838	255392	5620727
仪器仪表制造业	941575	894569	464411	47006	45566	39467	899469
其他制造业	120037	115708	39859	4329	3586	8269	109979
废弃资源综合利用业	98289	93353	17826	4936	4774	918	97371
金属制品、机械和设备修理业	43895	40779	20765	3116	3090	399	43401
电力、热力、燃气及水生产和供应业	**699435**	**578786**	**133018**	**120649**	**118514**	**4555**	**694408**
电力、热力生产和供应业	586517	483148	103216	103369	101970	3309	582736
燃气生产和供应业	50853	49323	12100	1530	1123		50853
水的生产和供应业	62066	46315	17701	15751	15421	1246	60820

2-4-1-7 分行业国有及国有控股工业企业R&D经费内部支出情况

单位：万元

行业	R&D经费内部支出	日常性支出	#人员劳务费	资产性支出	#仪器和设备	#政府资金	#企业资金
合计	**40448718**	**36983907**	**11621338**	**3464811**	**3376213**	**2725527**	**37651684**
采矿业	**2851042**	**2699269**	**1022637**	**151773**	**141711**	**25546**	**2823648**
煤炭开采和洗选业	1169534	1086007	394186	83527	80949	12779	1156554
石油和天然气开采业	864329	825849	409096	38481	34572	4406	859134
黑色金属矿采选业	152000	148987	48234	3013	1312	800	151200
有色金属矿采选业	193544	181448	53402	12096	10752	4025	189520
非金属矿采选业	73904	68021	18232	5883	5765	932	72777
开采及其他辅助性活动	396183	387410	98789	8773	8363	2606	392916
其他采矿业	1548	1548	698				1548
制造业	**35887465**	**32834069**	**10171829**	**3053396**	**2981969**	**2682915**	**33139092**
农副食品加工业	95221	92501	15541	2720	2185	2037	93167
食品制造业	110012	101542	45645	8470	7409	2440	107283
酒、饮料和精制茶制造业	160344	156255	77524	4089	3325	6044	154300
烟草制品业	240740	216611	144832	24129	23446	744	238050
纺织业	80480	74472	22349	6008	5967	737	79701
纺织服装、服饰业	17001	16166	5367	834	806	218	16675
皮革、毛皮、羽毛及其制品和制鞋业	7314	7182	2366	132	110		7314
木材加工和木、竹、藤、棕、草制品业	32268	31200	4392	1067	1052	154	32114
家具制造业	43327	42742	16171	585	252		43327
造纸和纸制品业	104297	101856	22827	2441	2410	1519	102779
印刷和记录媒介复制业	53448	50410	23362	3038	3016	478	52969
文教、工美、体育和娱乐用品制造业	14075	13520	8284	555	539	359	13661
石油加工、炼焦和核燃料加工业	752923	654563	169298	98360	94244	4363	748526
化学原料和化学制品制造业	1927399	1796251	564933	131148	123561	67102	1859434
医药制造业	1146015	1084475	278516	61540	59632	37073	1108798
化学纤维制造业	233432	228899	49220	4533	3836	6857	226575
橡胶和塑料制品业	259152	250303	69099	8849	8565	6659	252182
非金属矿物制品业	946700	807581	241170	139119	135648	21820	924596
黑色金属冶炼和压延加工业	3547072	3438711	490740	108360	104170	38408	3508215
有色金属冶炼和压延加工业	1584639	1548884	302795	35755	33730	52148	1522950
金属制品业	779986	737816	184748	42170	41475	112399	665802
通用设备制造业	1945866	1865476	637694	80390	73138	129666	1814183
专用设备制造业	1832288	1761306	558065	70982	68012	144398	1677064
汽车制造业	6329200	5987653	1815076	341547	333132	111982	6201086
铁路、船舶、航空航天和其他运输设备制造业	4129759	3828254	1203403	301506	294712	1234510	2887697
电气机械和器材制造业	1679658	1629792	506079	49867	47917	32038	1647358
计算机、通信和其他电子设备制造业	6815386	5377511	2328407	1437875	1425212	516479	6292280
仪器仪表制造业	483039	458163	210859	24877	24330	62574	420181
其他制造业	361386	318593	114619	42793	41677	87884	270395
废弃资源综合利用业	61353	52223	10110	9130	9040	513	60840
金属制品、机械和设备修理业	113687	103159	48338	10527	9422	1313	109590
电力、热力、燃气及水生产和供应业	**1710211**	**1450568**	**426872**	**259642**	**252532**	**17066**	**1688944**
电力、热力生产和供应业	1519466	1279021	360351	240445	234232	14872	1500394
燃气生产和供应业	75127	72353	28921	2774	2466	39	75088
水的生产和供应业	115618	99194	37600	16423	15834	2155	113462

2-4-1-8 分行业内资工业企业R&D经费内部支出情况

单位：万元

行　　业	R&D经费内部支出	日常性支出	#人员劳务费	资产性支出	#仪器和设备	#政府资金	#企业资金
合　计	**141368113**	**132097117**	**40591780**	**9270996**	**8987324**	**4527174**	**136677488**
采矿业	**3544713**	**3347117**	**1110259**	**197597**	**186088**	**25268**	**3516499**
煤炭开采和洗选业	1376564	1264746	425258	111819	108777	9607	1366626
石油和天然气开采业	868843	830363	409230	38481	34572	4406	863647
黑色金属矿采选业	324322	315134	60746	9188	7148	927	322845
有色金属矿采选业	280410	265130	66865	15280	13852	4818	275384
非金属矿采选业	289583	275649	46158	13934	13260	2816	286361
开采及其他辅助性活动	403443	394548	101304	8896	8480	2694	400087
其他采矿业	1548	1548	698				1548
制造业	**135833896**	**127041240**	**39002288**	**8792656**	**8529074**	**4483340**	**131194495**
农副食品加工业	3037051	2927858	380791	109193	103781	39520	2993315
食品制造业	1199064	1120183	347679	78881	73892	32856	1165158
酒、饮料和精制茶制造业	550761	519560	168899	31201	28357	12949	537301
烟草制品业	251043	226554	149211	24489	23793	744	248353
纺织业	1900706	1739253	575555	161453	154217	16100	1882343
纺织服装、服饰业	861946	833394	240566	28553	26482	7908	853153
皮革、毛皮、羽毛及其制品和制鞋业	766036	741396	190073	24640	23633	3900	759920
木材加工和木、竹、藤、棕、草制品业	854746	798073	139429	56673	55246	5049	848880
家具制造业	864646	835001	260189	29645	28159	4325	859641
造纸和纸制品业	932404	872611	227736	59793	57178	10636	921525
印刷和记录媒介复制业	820327	754876	205406	65451	64077	4906	815257
文教、工美、体育和娱乐用品制造业	855185	797081	313129	58104	55775	7724	846877
石油加工、炼焦和核燃料加工业	1779757	1700941	274539	78816	73743	6865	1772859
化学原料和化学制品制造业	7556281	7042923	2017924	513358	486311	154588	7394629
医药制造业	7109662	6614354	1633377	495308	479711	186053	6917249
化学纤维制造业	1328184	1245920	229245	82264	80204	14024	1313697
橡胶和塑料制品业	4197410	3927117	957810	270293	262930	36197	4153719
非金属矿物制品业	4981183	4477332	1257108	503852	488510	57950	4920867
黑色金属冶炼和压延加工业	8402324	8062896	983162	339429	329567	259011	8142785
有色金属冶炼和压延加工业	4359543	4158945	653379	200598	193419	84975	4264216
金属制品业	5998289	5671671	1221592	326618	315085	151534	5837103
通用设备制造业	9006167	8491860	2775912	514307	494767	221058	8774950
专用设备制造业	8416989	8024309	2822656	392680	378118	298511	8104221
汽车制造业	8009811	7556996	2624845	452815	439606	152967	7845449
铁路、船舶、航空航天和其他运输设备制造业	5707983	5301624	1612521	406359	395441	1256249	4441393
电气机械和器材制造业	15048836	14317892	3871945	730944	706037	180658	14850122
计算机、通信和其他电子设备制造业	27098604	24578809	11309722	2519795	2481086	1058738	26017692
仪器仪表制造业	2614674	2491324	1243105	123350	119921	120728	2490405
其他制造业	609128	556773	181313	52355	50898	91726	514268
废弃资源综合利用业	545381	499671	64551	45711	44580	3282	541816
金属制品、机械和设备修理业	169775	154045	68920	15730	14550	1612	165336
电力、热力、燃气及水生产和供应业	**1989503**	**1708760**	**479234**	**280743**	**272163**	**18566**	**1966493**
电力、热力生产和供应业	1673817	1419856	391510	253961	247166	15153	1654219
燃气生产和供应业	147772	141253	35430	6519	5478	128	147644
水的生产和供应业	167914	147651	52294	20264	19518	3284	164630

2-4-1-9 分行业港澳台商投资工业企业R&D经费内部支出情况

单位：万元

行　业	R&D经费内部支出	日常性支出	#人员劳务费	资产性支出	#仪器和设备	#政府资金	#企业资金
合　计	**14480915**	**13582098**	**5254545**	**898817**	**873179**	**202396**	**14230938**
采矿业	**65380**	**65064**	**23040**	**316**	**230**	**5367**	**59863**
煤炭开采和洗选业	32319	32280	10238	39	37	4542	27627
石油和天然气开采业	11858	11846	8513	12		621	11238
黑色金属矿采选业	9782	9662	310	120	48		9782
有色金属矿采选业	5391	5246	2344	145	145	205	5186
非金属矿采选业	4055	4055	987				4055
开采及其他辅助性活动	1976	1976	648				1976
制造业	**14269681**	**13376011**	**5191199**	**893670**	**868598**	**196645**	**14025605**
农副食品加工业	153088	149332	27342	3756	3581	1278	151689
食品制造业	131564	118159	40927	13406	13138	4160	127297
酒、饮料和精制茶制造业	44642	42803	19271	1839	1782	663	43979
烟草制品业	826	821	656	5	5		826
纺织业	287009	263446	130687	23563	23037	1397	285363
纺织服装、服饰业	207142	205478	91085	1664	1612	4395	202704
皮革、毛皮、羽毛及其制品和制鞋业	160645	158746	50054	1899	1798	340	160305
木材加工和木、竹、藤、棕、草制品业	27682	23943	6290	3739	3682	418	27264
家具制造业	73199	71658	24766	1541	1490	88	73112
造纸和纸制品业	260823	246442	81251	14381	13884	1121	259702
印刷和记录媒介复制业	93431	87147	32913	6284	5922	661	92508
文教、工美、体育和娱乐用品制造业	140567	128207	68531	12360	12128	2368	137393
石油加工、炼焦和核燃料加工业	74796	19169	6240	55627	54522	174	74622
化学原料和化学制品制造业	503151	467887	163490	35265	34214	4123	499019
医药制造业	1169314	1082819	296339	86494	82715	24006	1144092
化学纤维制造业	246757	225332	44540	21425	21203	1706	245050
橡胶和塑料制品业	597695	566732	190746	30964	29560	4620	592643
非金属矿物制品业	296895	277496	101718	19399	18958	1003	295892
黑色金属冶炼和压延加工业	343417	331498	25905	11919	11390	1156	342261
有色金属冶炼和压延加工业	168566	160999	41800	7567	6776	3536	165030
金属制品业	467979	441980	139021	25999	24887	2934	465018
通用设备制造业	666077	633639	311403	32438	31494	6879	641912
专用设备制造业	772468	689579	303007	82889	80413	13568	758353
汽车制造业	1162233	1135802	580589	26431	24971	6678	1154990
铁路、船舶、航空航天和其他运输设备制造业	164976	162488	67533	2487	2405	7596	157369
电气机械和器材制造业	1729073	1626531	545752	102541	99767	33308	1692033
计算机、通信和其他电子设备制造业	4009771	3758043	1663803	251728	247335	64808	3923334
仪器仪表制造业	240993	229463	110901	11530	11454	3205	237464
其他制造业	32184	31271	10752	913	883	186	31936
废弃资源综合利用业	32172	28865	5742	3306	3281	272	31900
金属制品、机械和设备修理业	10548	10235	8145	313	312		10548
电力、热力、燃气及水生产和供应业	**145854**	**141023**	**40307**	**4831**	**4351**	**383**	**145471**
电力、热力生产和供应业	81636	79531	15412	2105	2027	162	81474
燃气生产和供应业	54470	51895	20895	2576	2193	153	54317
水的生产和供应业	9749	9598	4000	151	131	68	9681

2-4-1-10 分行业外商投资工业企业R&D经费内部支出情况

单位：万元

行业	R&D经费内部支出	日常性支出	#人员劳务费	资产性支出	#仪器和设备	#政府资金	#企业资金
合 计	**19293434**	**18164398**	**6537917**	**1129035**	**1090679**	**385026**	**18764570**
采矿业	**94457**	**91191**	**22280**	**3265**	**3123**	**12741**	**81716**
煤炭开采和洗选业	23824	20701	6046	3123	3123		23824
石油和天然气开采业	48270	48161	9310	109		12729	35541
黑色金属矿采选业	6812	6812	760			12	6800
有色金属矿采选业	10264	10230	4519	34			10264
非金属矿采选业	4758	4758	1274				4758
开采及其他辅助性活动	529	529	370				529
制造业	**19039911**	**17928463**	**6483179**	**1111448**	**1074305**	**371900**	**18524235**
农副食品加工业	297517	290606	60624	6911	6229	2178	295338
食品制造业	235599	220193	81122	15406	15197	3049	232417
酒、饮料和精制茶制造业	56713	43281	19781	13432	13310	31	56649
纺织业	128924	122818	61932	6107	5951	394	128528
纺织服装、服饰业	75043	73332	26425	1711	1675	1882	72939
皮革、毛皮、羽毛及其制品和制鞋业	113317	110677	42901	2640	2478	1538	111773
木材加工和木、竹、藤、棕、草制品业	18923	18838	4685	85	82	10	18854
家具制造业	82384	81416	33992	968	925	452	81932
造纸和纸制品业	167506	161107	42818	6399	5860	291	165932
印刷和记录媒介复制业	41855	41430	17669	426	341	170	41643
文教、工美、体育和娱乐用品制造业	80062	76154	36896	3908	3328	235	78633
石油加工、炼焦和核燃料加工业	28257	27767	4979	490	416	336	27921
化学原料和化学制品制造业	512007	466608	206473	45400	44495	13097	497460
医药制造业	1145393	1044608	305976	100785	97821	20164	1103927
化学纤维制造业	118531	113792	12135	4738	4574	1434	117091
橡胶和塑料制品业	386392	367880	160480	18512	18000	1842	382024
非金属矿物制品业	247722	228075	72204	19647	18453	1894	245829
黑色金属冶炼和压延加工业	321027	313704	26552	7322	6901	461	320566
有色金属冶炼和压延加工业	225345	173293	32376	52053	51304	6370	218860
金属制品业	364165	349462	116185	14703	14400	2956	360872
通用设备制造业	1518564	1443697	605496	74867	73092	29128	1480054
专用设备制造业	1164875	1116798	462640	48077	46974	37529	1101157
汽车制造业	4974376	4647818	1304845	326558	314128	21245	4935818
铁路、船舶、航空航天和其他运输设备制造业	329127	320207	112265	8920	8662	2833	324511
电气机械和器材制造业	1403489	1363201	510299	40289	37815	8255	1383523
计算机、通信和其他电子设备制造业	4669507	4391709	1953215	277798	269510	211628	4412158
仪器仪表制造业	277058	264232	154633	12826	12175	2167	272083
其他制造业	21381	21254	8647	127	107	199	21122
废弃资源综合利用业	8020	8020	1178			133	7887
金属制品、机械和设备修理业	25385	25123	3161	262	22		25290
电力、热力、燃气及水生产和供应业	**159066**	**144744**	**32458**	**14322**	**13251**	**385**	**158619**
电力、热力生产和供应业	86996	78870	16148	8126	7776	245	86751
燃气生产和供应业	65550	59378	13385	6172	5475		65550
水的生产和供应业	6520	6496	2926	25		140	6318

2-4-1-11　各地区工业企业R&D经费内部支出情况

单位：万元

地　区	R&D经费内部支出	日常性支出	#人员劳务费	资产性支出	#仪器和设备	#政府资金	#企业资金
全　国	**175142461**	**163843613**	**52384243**	**11298849**	**10951182**	**5114596**	**169672996**
东部地区	113951248	106969047	37903755	6982200	6773694	2429154	111242721
中部地区	35769336	33082491	8082526	2686845	2595031	1090315	34638136
西部地区	20002963	18607138	4954248	1395824	1357251	1245975	18728346
东北地区	5418915	5184936	1443714	233979	225207	349153	5063793
北　京	3135144	3027431	1144838	107713	101735	211273	2888863
天　津	2512635	2373177	807692	139458	136725	27958	2452464
河　北	5703924	5560844	935771	143080	135460	248456	5452196
山　西	1862448	1780355	304767	82093	77255	75168	1785180
内蒙古	1547744	1386094	197710	161649	159552	68878	1478515
辽　宁	3672792	3542572	930791	130220	124804	236489	3431277
吉　林	858433	798432	272862	60001	57390	17656	840205
黑龙江	887690	843932	240061	43757	43013	95008	792312
上　海	6983293	5986094	2514117	997199	987468	395120	6567880
江　苏	27166319	25359451	8949555	1806868	1749114	248191	26811752
浙　江	15916604	14856584	5334753	1060019	1035023	189984	15710893
安　徽	7391200	6849997	2005619	541204	521938	179705	7192244
福　建	7716534	7292565	2782928	423969	408463	166361	7535752
江　西	3978466	3715946	815326	262519	245676	135429	3843015
山　东	15653402	14830614	3437800	822787	785462	298711	15331898
河　南	7640132	6851748	1888018	788385	777369	98534	7534837
湖　北	7235941	6524045	1493322	711896	688752	268045	6956594
湖　南	7661149	7360401	1575473	300748	284041	333434	7326268
广　东	29021849	27547653	11956120	1474197	1427440	640528	28352723
广　西	1370239	1316157	335665	54081	51693	36848	1332922
海　南	141545	134634	40182	6910	6804	2571	138299
重　庆	4245267	4017921	1228334	227346	218981	127631	4110417
四　川	4801710	4377838	1335246	423872	413361	337700	4461606
贵　州	1210567	1145502	302376	65065	63008	123530	1073418
云　南	1764956	1670807	342764	94149	90869	29998	1733470
西　藏	24782	24558	6472	224	172	587	24137
陕　西	3196867	2980983	805603	215884	209584	438089	2756580
甘　肃	642948	571410	177168	71538	70965	40476	602300
青　海	138488	134867	15017	3621	3051	4741	133747
宁　夏	517577	453334	68069	64243	63077	31559	486016
新　疆	541819	527668	139823	14151	12939	5939	535219

2-4-1-12 各地区大型工业企业R&D经费内部支出情况

单位：万元

地区	R&D经费内部支出	日常性支出	#人员劳务费	资产性支出	#仪器和设备	#政府资金	#企业资金
全国	**82584747**	**77011640**	**26622969**	**5573107**	**5419224**	**3431377**	**78987518**
东部地区	54026471	50604199	19220937	3422271	3330118	1453252	52454329
中部地区	15069608	13798672	3896958	1270937	1234134	734226	14311644
西部地区	10304434	9566038	2658314	738396	720240	961513	9323004
东北地区	3184234	3042731	846760	141503	134733	282386	2898542
北京	1670633	1613321	518105	57312	54879	76217	1594182
天津	1100070	1046870	321045	53200	52475	11614	1057673
河北	3670746	3608109	643094	62636	59163	222074	3446376
山西	1341082	1276259	223118	64823	60797	62168	1276995
内蒙古	981553	928261	139177	53292	51909	48999	932448
辽宁	1860423	1806575	439853	53848	49674	183577	1673787
吉林	680085	629242	221746	50843	48500	11026	669060
黑龙江	643725	606913	185161	36812	36559	87784	555695
上海	4396266	3463410	1310598	932856	925536	323360	4064382
江苏	10424707	9811018	3593520	613689	594142	114088	10266916
浙江	5107794	4807440	1959427	300354	294578	50132	5049806
安徽	3233096	3011493	942583	221603	216696	72409	3146524
福建	3297159	3126689	1292818	170470	163338	102977	3190737
江西	1461314	1342010	365127	119304	109801	80923	1380391
山东	7465268	7062500	1743504	402768	380261	147771	7303499
河南	3623747	3332230	991720	291518	285909	51949	3569008
湖北	3139855	2674755	754394	465100	456863	219838	2915156
湖南	2270515	2161925	620016	108590	104068	246939	2023571
广东	16844635	16018354	7818089	826281	803040	404255	16432328
广西	828571	804899	221572	23672	22357	19228	809256
海南	49194	46488	20736	2705	2705	764	48430
重庆	1839682	1726731	580529	112951	109902	85319	1751331
四川	2318751	2076975	674047	241775	236230	239691	2078563
贵州	503845	470186	119520	33659	33372	100367	390379
云南	802791	745322	181398	57469	56156	9197	792214
西藏	4090	4057	1093	34		1	4089
陕西	1938706	1814105	467787	124601	121324	417458	1520192
甘肃	407644	349935	128848	57709	57374	29261	378382
青海	73553	71665	6916	1888	1520	2549	71003
宁夏	196461	175158	20176	21303	21066	6128	190333
新疆	408789	398745	117252	10044	9032	3314	404813

2-4-1-13 各地区中型工业企业R&D经费内部支出情况

单位：万元

地区	R&D经费内部支出	日常性支出	#人员劳务费	资产性支出	#仪器和设备	#政府资金	#企业资金
全国	**40233579**	**37566536**	**11982548**	**2667043**	**2582209**	**895781**	**39226787**
东部地区	26349484	24777533	8721798	1571951	1519990	508848	25743438
中部地区	7946245	7285959	1802131	660286	637980	173058	7765932
西部地区	4940664	4549819	1190232	390844	381238	177302	4757941
东北地区	997187	953226	268387	43961	43002	36573	959476
北京	846692	810794	374613	35897	32793	101689	717572
天津	683126	634060	234747	49066	48109	11653	671064
河北	898115	868667	133684	29448	27556	9097	888921
山西	323121	313028	50328	10093	9646	9870	313147
内蒙古	365535	274034	39894	91501	90884	13180	352110
辽宁	795854	759576	212578	36279	35762	29645	765359
吉林	94621	89167	30080	5454	5326	4277	90055
黑龙江	106712	104484	25729	2229	1913	2651	104061
上海	1256291	1221110	588520	35181	33994	24378	1223394
江苏	7078947	6583138	2322025	495809	478393	55342	6989157
浙江	4568025	4251802	1493742	316224	309228	54862	4509301
安徽	1561863	1415328	411170	146535	139824	51053	1509216
福建	1964492	1826413	718512	138078	133919	26092	1931075
江西	874100	823119	186562	50980	48238	19958	854142
山东	3502092	3327211	784376	174880	169369	80331	3417229
河南	1937871	1668138	418589	269733	267685	24871	1911163
湖北	1463765	1378933	324049	84832	79048	27201	1433852
湖南	1785525	1687411	411434	98114	93539	40105	1744412
广东	5491752	5197973	2058610	293779	283138	144296	5337554
广西	234143	221493	60829	12650	12283	10922	223208
海南	59952	56365	12970	3587	3492	1108	58172
重庆	1225149	1167900	343088	57249	54018	27460	1194531
四川	1222509	1123639	341989	98870	96827	68803	1152886
贵州	336398	317989	82852	18410	17515	18059	318100
云南	453865	440081	71833	13784	13314	10857	443007
西藏	12398	12312	4511	86	86	586	11768
陕西	697858	635690	182870	62168	61047	12156	684801
甘肃	114852	109132	21545	5721	5600	1952	112901
青海	29187	28881	3851	306	132	986	28201
宁夏	169298	141583	23924	27715	27186	11332	157966
新疆	79472	77087	13046	2385	2346	1010	78462

2-4-1-14 各地区国有及国有控股工业企业R&D经费内部支出情况

单位：万元

地 区	R&D经费内部支出	日常性支出	#人员劳务费	资产性支出	#仪器和设备	#政府资金	#企业资金
全 国	**40448718**	**36983907**	**11621338**	**3464811**	**3376213**	**2725527**	**37651684**
东部地区	18658246	16941807	5649470	1716439	1678784	793776	17827755
中部地区	9817786	8926741	2752190	891045	864021	597491	9207158
西部地区	9293592	8573161	2504890	720430	703283	1049160	8224273
东北地区	2679095	2542198	714789	136898	130125	285100	2392497
北 京	1596483	1535633	529903	60850	56548	163858	1430903
天 津	622085	588067	209010	34018	33555	18565	602921
河 北	1101291	1085918	206704	15373	15062	16169	1083009
山 西	996060	939749	188638	56311	52512	72580	921441
内蒙古	764907	624758	101440	140149	139157	47698	717081
辽 宁	1458069	1403695	331312	54374	50089	186162	1270656
吉 林	608996	563494	197281	45502	43270	12004	596991
黑龙江	612031	575009	186197	37022	36766	86935	524850
上 海	3569605	2663090	866975	906515	899974	201967	3362465
江 苏	2844103	2681458	987519	162645	157584	41973	2783760
浙 江	707717	654838	212652	52880	50653	18285	686341
安 徽	1712256	1623305	599741	88951	83144	49314	1661529
福 建	1148488	1094364	357847	54125	51496	52061	1096351
江 西	684331	619184	202103	65147	61820	77175	607156
山 东	3444142	3282533	1034350	161609	149548	111890	3328416
河 南	2188881	1998025	581119	190856	187765	53262	2133300
湖 北	2549833	2147242	707301	402592	395550	95088	2448416
湖 南	1686426	1599237	473288	87189	83231	250072	1435317
广 东	3604057	3338066	1235818	265991	261935	168920	3434074
广 西	593158	567313	171931	25845	24388	16263	576772
海 南	20274	17841	8691	2433	2429	86	19516
重 庆	1506386	1447531	492223	58856	56939	98695	1405837
四 川	2093154	1893259	632288	199895	196251	279507	1812383
贵 州	642708	593657	168054	49051	47982	115919	513673
云 南	857730	798806	211122	58924	57012	16703	839646
西 藏	13124	13089	3395	35	35	515	12565
陕 西	1953774	1843784	482545	109990	105970	425091	1527127
甘 肃	433274	379141	105522	54132	53759	36065	397181
青 海	76336	74225	7619	2111	1567	3325	73010
宁 夏	106289	87884	20117	18405	17957	7366	98920
新 疆	252753	249715	108633	3038	2267	2013	250078

2-4-1-15　各地区内资工业企业R&D经费内部支出情况

单位：万元

地区	R&D经费内部支出	日常性支出	#人员劳务费	资产性支出	#仪器和设备	#政府资金	#企业资金
全　国	**141368113**	**132097117**	**40591780**	**9270996**	**8987324**	**4527174**	**136677488**
东部地区	86342887	81004679	27833631	5338208	5183174	1916274	84319403
中部地区	32555110	30109292	7278751	2445817	2359513	1053239	31475725
西部地区	18211338	16893933	4424470	1317405	1281154	1216254	16967932
东北地区	4258779	4089213	1054928	169566	163484	341407	3914428
北　京	2333029	2250515	848397	82515	78711	198095	2126212
天　津	1876234	1768229	577860	108005	105666	26476	1848887
河　北	4535017	4413756	578181	121261	114772	245286	4286520
山　西	1768656	1689918	271997	78738	73902	74578	1691978
内蒙古	1503162	1342390	185960	160772	158749	65464	1437348
辽　宁	2874667	2766123	636700	108544	104482	229475	2642902
吉　林	513884	496496	183027	17389	16113	17639	495961
黑龙江	870227	826594	235201	43633	42889	94294	775564
上　海	4209492	3325885	1418345	883607	877082	217839	3983220
江　苏	19526209	18155301	5956008	1370909	1331169	170942	19319495
浙　江	12599495	11705196	3946848	894299	873552	149084	12441048
安　徽	6580233	6113465	1788390	466768	448864	163788	6411459
福　建	5701346	5381627	1934161	319719	306714	131148	5564130
江　西	3499018	3257859	735821	241159	224976	130034	3368961
山　东	13652695	13032819	2942821	619876	587369	270936	13361599
河　南	7058627	6357547	1703878	701080	690583	96015	6955929
湖　北	6558063	5875124	1352388	682939	661395	265229	6281927
湖　南	7090513	6815379	1426278	275134	259792	323595	6765470
广　东	21796948	20863390	9602589	933558	903785	504205	21278808
广　西	918230	885846	214040	32383	31245	26186	891692
海　南	112422	107962	28421	4459	4356	2263	109484
重　庆	3673062	3464349	1059832	208714	200764	120626	3545935
四　川	4543955	4140765	1238778	403190	392853	335700	4206118
贵　州	1186296	1121749	295846	64547	62524	123035	1049642
云　南	1702224	1610769	326442	91455	88255	27461	1673275
西　藏	20693	20502	5379	190	172	587	20048
陕　西	2885522	2676512	706539	209010	202839	437442	2446270
甘　肃	633365	562747	174933	70618	70067	40256	592936
青　海	132423	128802	13220	3621	3051	4741	127682
宁　夏	501166	439538	65444	61628	60558	29148	472015
新　疆	511241	499963	138057	11278	10078	5609	504971

2-4-1-16 各地区港澳台商投资工业企业R&D经费内部支出情况

单位：万元

地区	R&D经费内部支出	日常性支出	#人员劳务费	资产性支出	#仪器和设备	#政府资金	#企业资金
全国	**14480915**	**13582098**	**5254545**	**898817**	**873179**	**202396**	**14230938**
东部地区	12661131	11892042	4774749	769090	746871	173593	12452249
中部地区	1281502	1170313	302706	111188	108622	16411	1252825
西部地区	380777	368492	119720	12285	11766	8347	372430
东北地区	157506	151251	57371	6255	5919	4045	153434
北京	361081	348025	120292	13055	12575	6974	354107
天津	157241	150842	67137	6399	6343	658	150826
河北	762319	748708	284148	13611	13215	247	762072
山西	19456	19425	3088	31	30	213	19244
内蒙古	24764	24105	4377	659	646	1009	23755
辽宁	130089	125623	51007	4467	4250	3427	126636
吉林	20311	18535	4837	1775	1656	18	20293
黑龙江	7106	7093	1526	13	13	601	6505
上海	635166	560178	312912	74989	73154	9499	625080
江苏	3333848	3101963	1155089	231885	225406	69292	3244951
浙江	1759639	1684556	756944	75082	73157	13473	1745085
安徽	285886	252762	60493	33124	32715	3811	270149
福建	1237823	1182331	523802	55492	54418	20934	1215564
江西	227331	214258	27056	13073	12723	2079	225252
山东	791815	704878	174361	86937	84889	14317	776473
河南	259981	210841	89874	49140	48942	608	259294
湖北	210383	202282	31588	8102	7168	729	209395
湖南	278464	270746	90607	7718	7045	8972	269492
广东	3601470	3392045	1371979	209425	201501	38044	3557516
广西	22108	21665	6027	442	409	277	21831
海南	20731	18516	8086	2215	2215	156	20575
重庆	160250	152808	54571	7443	7270	2184	158067
四川	91455	89614	33657	1841	1774	1416	90040
贵州	13373	13044	3290	329	303	225	13149
云南	32581	31396	8276	1184	1110	2153	30428
陕西	27366	27058	7262	308	200	436	26930
甘肃	3305	3282	715	23		200	3105
青海	112	112	49				112
宁夏	3180	3125	464	55	55	219	2961
新疆	2282	2282	1033			230	2052

2-4-1-17 各地区外商投资工业企业R&D经费内部支出情况

单位：万元

地 区	R&D经费内部支出	日常性支出	#人员劳务费	资产性支出	#仪器和设备	#政府资金	#企业资金
全 国	**19293434**	**18164398**	**6537917**	**1129035**	**1090679**	**385026**	**18764570**
东部地区	14947230	14072327	5295376	874903	843648	339287	14471068
中部地区	1932725	1802885	501069	129840	126897	20665	1909586
西部地区	1410848	1344714	410057	66134	64331	21374	1387985
东北地区	1002630	944472	331415	58158	55803	3701	995932
北 京	441034	428892	176149	12142	10450	6204	408544
天 津	479160	454105	162696	25055	24716	824	452751
河 北	406588	398381	73442	8208	7474	2924	403603
山 西	74336	71012	29683	3324	3323	378	73958
内蒙古	19817	19599	7373	218	157	2405	17412
辽 宁	668035	650826	243084	17209	16072	3587	661738
吉 林	324238	283401	84998	40838	39620		323950
黑龙江	10357	10245	3333	111	111	113	10243
上 海	2138635	2100032	782859	38603	37233	167782	1959579
江 苏	4306261	4102187	1838459	204074	192539	7957	4247306
浙 江	1557470	1466832	630961	90638	88314	27428	1524760
安 徽	525081	483770	156735	41311	40359	12107	510635
福 建	777366	728607	324965	48759	47331	14279	756058
江 西	252117	243829	52450	8288	7977	3316	248801
山 东	1208892	1092917	320618	115975	113204	13458	1193826
河 南	321524	283359	94267	38165	37845	1911	319613
湖 北	467495	446639	109346	20856	20190	2086	465272
湖 南	292172	274276	58589	17897	17204	867	291305
广 东	3623432	3292218	981552	331214	322154	98280	3516399
广 西	429901	408646	115598	21256	20039	10385	419399
海 南	8393	8156	3675	237	234	152	8241
重 庆	411954	400765	113931	11190	10948	4822	406415
四 川	166299	147458	62811	18841	18734	584	165448
贵 州	10898	10709	3240	189	180	270	10627
云 南	30152	28642	8046	1509	1505	384	29768
西 藏	4089	4055	1093	34			4089
陕 西	283979	277413	91801	6566	6545	212	283379
甘 肃	6278	5380	1519	898	898	20	6258
青 海	5953	5953	1749				5953
宁 夏	13231	10671	2162	2560	2464	2192	11039
新 疆	28296	25423	733	2874	2861	100	28196

2-4-2-1　分登记注册类型工业企业R&D经费外部支出情况

单位：万元

登记注册类型	R&D经费外部支出	#对境内研究机构支出	#对境内高等学校支出
合　计	**12832845**	**4099679**	**731866**
国有及国有控股	**4058381**	**970620**	**371609**
内资企业	**10182635**	**3753970**	**668110**
国有企业	298192	41990	50090
集体企业	915	596	100
股份合作企业	2612	371	97
联营企业	528	216	1
其他联营企业	165	165	
有限责任公司	4614092	1607444	214798
国有独资公司	622872	172139	72372
其他有限责任公司	3991219	1435305	142426
股份有限公司	1830333	336643	183954
私营企业	3424271	1764778	218860
私营独资企业	25744	2898	753
私营合伙企业	298	62	10
私营有限责任公司	3094414	1704628	176435
私营股份有限公司	303815	57189	41662
其他企业	11693	1933	211
港、澳、台商投资企业	**948497**	**232657**	**27021**
合资经营企业	178150	30104	11093
合作经营企业	1676	189	215
港、澳、台商独资经营企业	487066	70553	9167
港、澳、台商投资股份有限公司	259607	116736	6481
其他港、澳、台投资企业	21997	15076	65
外商投资企业	**1701714**	**113052**	**36735**
中外合资经营企业	566666	47896	13579
中外合作经营企业	3047	378	419
外资企业	975857	39135	10767
外商投资股份有限公司	139317	25617	11924
其他外商投资企业	16827	26	46

2-4-2-2 分登记注册类型大型工业企业R&D经费外部支出情况

单位：万元

登记注册类型	R&D经费外部支出	#对境内研究机构支出	#对境内高等学校支出
合　计	**8778195**	**3163501**	**396684**
国有及国有控股	**3208397**	**658088**	**304945**
内资企业	**7218293**	**2884533**	**364842**
国有企业	263648	34682	44404
集体企业	547	504	44
股份合作企业	1209	284	12
有限责任公司	3329329	1194741	130552
国有独资公司	524788	155365	63795
其他有限责任公司	2804541	1039376	66758
股份有限公司	1489212	251555	152152
私营企业	2134347	1402767	37677
私营独资企业	1500	1500	
私营有限责任公司	2055032	1393466	27804
私营股份有限公司	77815	7801	9873
港、澳、台商投资企业	**598470**	**203628**	**12760**
合资经营企业(港或澳、台资)	76477	18353	4338
合作经营企业(港或澳、台资)	1243	12	
港、澳、台商独资经营企业	318944	58136	4836
港、澳、台商投资股份有限公司	185937	112080	3586
外商投资企业	**961432**	**75340**	**19082**
中外合资经营企业	320786	27087	5191
中外合作经营企业	1735	97	193
外资企业	569773	26099	7259
外商投资股份有限公司	69137	22057	6440

2-4-2-3 分登记注册类型中型工业企业R&D经费外部支出情况

单位：万元

登记注册类型	R&D经费外部支出	#对境内研究机构支出	#对境内高等学校支出
合　计	**2343016**	**623114**	**139731**
国有及国有控股	**587146**	**273405**	**42342**
内资企业	**1666516**	**583764**	**122114**
国有企业	20033	5969	1981
集体企业	12		7
股份合作企业	1287	64	15
有限责任公司	836650	307044	46086
国有独资公司	73525	9781	5468
其他有限责任公司	763124	297262	40618
股份有限公司	241800	69639	21870
私营企业	565955	201049	52137
私营独资企业	20200	26	257
私营有限责任公司	405187	172261	35967
私营股份有限公司	140568	28763	15914
其他企业	781		18
港、澳、台商投资企业	**178143**	**17185**	**9145**
合资经营企业(港或澳、台资)	52594	6290	4505
港、澳、台商独资经营企业	58624	6929	2580
港、澳、台商投资股份有限公司	66521	3965	1926
其他港澳台投资企业	334		65
外商投资企业	**498357**	**22164**	**8472**
中外合资经营企业	107592	11902	4828
中外合作经营企业	1237	281	227
外资企业	329388	8639	1673
外商投资股份有限公司	43766	1316	1744
其他外商投资企业	16375	26	

2-4-2-4 分行业工业企业R&D经费外部支出情况

单位：万元

行业	R&D经费外部支出	#对境内研究机构支出	#对境内高等学校支出
合 计	**12832845**	**4099679**	**731866**
采矿业	**421372**	**90425**	**92166**
煤炭开采和洗选业	157066	42903	26090
石油和天然气开采业	205510	33027	49573
黑色金属矿采选业	15436	4106	3930
有色金属矿采选业	19641	6598	5223
非金属矿采选业	5517	1265	609
开采及其他辅助性活动	18001	2340	6724
其他采矿业	202	185	17
制造业	**11994779**	**3948118**	**571455**
农副食品加工业	47116	12685	17330
食品制造业	72200	16048	20268
酒、饮料和精制茶制造业	25223	8283	10643
烟草制品业	45943	10626	11071
纺织业	32267	5878	8230
纺织服装、服饰业	12534	1763	1905
皮革、毛皮、羽毛及其制品和制鞋业	12834	823	2681
木材加工和木、竹、藤、棕、草制品业	3084	667	1422
家具制造业	8080	492	1545
造纸和纸制品业	6513	904	1762
印刷和记录媒介复制业	9601	866	2015
文教、工美、体育和娱乐用品制造业	17403	3380	4191
石油加工、炼焦和核燃料加工业	55260	10785	14395
化学原料和化学制品制造业	288669	75685	57728
医药制造业	1767762	412466	64104
化学纤维制造业	18934	3522	7181
橡胶和塑料制品业	120784	15478	10585
非金属矿物制品业	62617	13101	16238
黑色金属冶炼和压延加工业	115651	29844	26770
有色金属冶炼和压延加工业	65652	18381	15224
金属制品业	73463	18397	14713
通用设备制造业	349561	51774	40136
专用设备制造业	322215	54670	32188
汽车制造业	1772893	484735	19862
铁路、船舶、航空航天和其他运输设备制造业	957093	351522	71658
电气机械和器材制造业	499514	61942	34633
计算机、通信和其他电子设备制造业	4961847	2261264	41064
仪器仪表制造业	208197	15208	13259
其他制造业	38543	3870	5919
废弃资源综合利用业	13884	2761	1796
金属制品、机械和设备修理业	9440	299	938
电力、热力、燃气及水生产和供应业	**416695**	**61136**	**68245**
电力、热力生产和供应业	403407	56153	66331
燃气生产和供应业	7871	3864	567
水的生产和供应业	5416	1120	1347

2-4-2-5　分行业大型工业企业R&D经费外部支出情况

单位：万元

行　业	R&D经费外部支出	#对境内研究机构支出	#对境内高等学校支出
合　计	**8778195**	**3163501**	**396684**
采矿业	**378890**	**80923**	**85253**
煤炭开采和洗选业	144364	39632	24772
石油和天然气开采业	197839	32168	47083
黑色金属矿采选业	9101	3139	3427
有色金属矿采选业	8986	3336	3203
非金属矿采选业	913	343	80
开采及其他辅助性活动	17688	2306	6687
制造业	**8083251**	**3047181**	**252051**
农副食品加工业	8682	1390	4903
食品制造业	26625	3745	5057
酒、饮料和精制茶制造业	12514	4287	6967
烟草制品业	43173	10073	9522
纺织业	10436	2526	1978
纺织服装、服饰业	4715	15	412
皮革、毛皮、羽毛及其制品和制鞋业	9698	246	2314
木材加工和木、竹、藤、棕、草制品业	80		80
家具制造业	3520	21	99
造纸和纸制品业	2291	93	1010
印刷和记录媒介复制业	745	20	81
文教、工美、体育和娱乐用品制造业	6424	1704	979
石油加工、炼焦和核燃料加工业	45680	9898	13310
化学原料和化学制品制造业	73352	27461	13463
医药制造业	641808	167385	20934
化学纤维制造业	3227	740	1227
橡胶和塑料制品业	63643	2242	1832
非金属矿物制品业	11099	171	3243
黑色金属冶炼和压延加工业	98058	25444	24182
有色金属冶炼和压延加工业	29881	8833	6988
金属制品业	26910	9421	4581
通用设备制造业	174486	29377	15259
专用设备制造业	135046	22921	6436
汽车制造业	1350861	345867	11370
铁路、船舶、航空航天和其他运输设备制造业	674279	131185	57537
电气机械和器材制造业	282501	32870	10829
计算机、通信和其他电子设备制造业	4269490	2204017	19115
仪器仪表制造业	51435	1727	3838
其他制造业	17379	3421	3767
废弃资源综合利用业	228		223
金属制品、机械和设备修理业	4984	82	516
电力、热力、燃气及水生产和供应业	**316054**	**35398**	**59380**
电力、热力生产和供应业	312063	34966	58564
燃气生产和供应业	1366	220	164
水的生产和供应业	2625	211	653

2-4-2-6 分行业中型工业企业R&D经费外部支出情况

单位：万元

行业	R&D经费外部支出	#对境内研究机构支出	#对境内高等学校支出
合 计	**2343016**	**623114**	**139731**
采矿业	**21750**	**5021**	**4031**
煤炭开采和洗选业	5680	760	766
石油和天然气开采业	3515	8	1560
黑色金属矿采选业	3329	572	419
有色金属矿采选业	8124	2978	1159
非金属矿采选业	812	517	79
开采及其他辅助性活动	88		30
其他采矿业	202	185	17
制造业	**2267481**	**604642**	**133672**
农副食品加工业	16262	4838	4060
食品制造业	18973	4053	6307
酒、饮料和精制茶制造业	6403	2117	1668
烟草制品业	534	42	78
纺织业	12751	1893	3175
纺织服装、服饰业	3930	1222	952
皮革、毛皮、羽毛及其制品和制鞋业	1916	450	85
木材加工和木、竹、藤、棕、草制品业	1343	192	740
家具制造业	2280	297	1059
造纸和纸制品业	2418	530	277
印刷和记录媒介复制业	4762	176	618
文教、工美、体育和娱乐用品制造业	4724	631	1432
石油加工、炼焦和核燃料加工业	3249	418	667
化学原料和化学制品制造业	100796	22708	19098
医药制造业	773526	155950	25593
化学纤维制造业	5346	829	3415
橡胶和塑料制品业	20295	2402	2681
非金属矿物制品业	13236	3989	2049
黑色金属冶炼和压延加工业	6657	1451	855
有色金属冶炼和压延加工业	13384	3593	3379
金属制品业	20638	4172	3926
通用设备制造业	76065	10624	7505
专用设备制造业	75263	8251	8125
汽车制造业	317510	108093	3203
铁路、船舶、航空航天和其他运输设备制造业	248005	213661	11036
电气机械和器材制造业	128899	15259	10168
计算机、通信和其他电子设备制造业	324036	32519	7332
仪器仪表制造业	35507	4115	2459
其他制造业	19749	153	1560
废弃资源综合利用业	5861	16	173
金属制品、机械和设备修理业	3164		
电力、热力、燃气及水生产和供应业	**53785**	**13451**	**2029**
电力、热力生产和供应业	52581	12671	1885
燃气生产和供应业	720	615	38
水的生产和供应业	484	166	106

2-4-2-7 分行业国有及国有控股工业企业R&D经费外部支出情况

单位：万元

行　　业	R&D经费外部支出	#对境内研究机构支出	#对境内高等学校支出
合　计	**4058381**	**970620**	**371609**
采矿业	**353913**	**86324**	**82909**
煤炭开采和洗选业	150675	41255	26074
石油和天然气开采业	153471	32660	41341
黑色金属矿采选业	12135	3636	3769
有色金属矿采选业	16728	5149	4726
非金属矿采选业	2998	1132	278
开采及其他辅助性活动	17704	2306	6704
其他采矿业	202	185	17
制造业	**3294805**	**825097**	**221547**
农副食品加工业	5081	2852	667
食品制造业	2798	815	1825
酒、饮料和精制茶制造业	9864	2736	5983
烟草制品业	44501	10626	11064
纺织业	315	119	141
纺织服装、服饰业	605		64
皮革、毛皮、羽毛及其制品和制鞋业	91		17
家具制造业	49		49
造纸和纸制品业	2181	92	708
印刷和记录媒介复制业	1130	48	74
文教、工美、体育和娱乐用品制造业	689		36
石油加工、炼焦和核燃料加工业	42174	8707	12950
化学原料和化学制品制造业	79773	27205	11943
医药制造业	188992	56335	10390
化学纤维制造业	5554	306	4263
橡胶和塑料制品业	3758	1223	815
非金属矿物制品业	10945	1529	1650
黑色金属冶炼和压延加工业	69222	19137	16748
有色金属冶炼和压延加工业	46730	13105	9747
金属制品业	32607	10782	5502
通用设备制造业	147102	19093	14448
专用设备制造业	81473	22147	8199
汽车制造业	681489	227101	10544
铁路、船舶、航空航天和其他运输设备制造业	864359	337410	67602
电气机械和器材制造业	55773	9238	7502
计算机、通信和其他电子设备制造业	766644	50261	9336
仪器仪表制造业	100314	648	3128
其他制造业	36309	3460	5000
废弃资源综合利用业	6011	16	265
金属制品、机械和设备修理业	8269	103	888
电力、热力、燃气及水生产和供应业	**409662**	**59198**	**67153**
电力、热力生产和供应业	400704	55694	65929
燃气生产和供应业	5219	3029	229
水的生产和供应业	3739	475	996

2-4-2-8 分行业内资工业企业R&D经费外部支出情况

单位：万元

行业	R&D经费外部支出	#对境内研究机构支出	#对境内高等学校支出
合计	**10182635**	**3753970**	**668110**
采矿业	**356777**	**88309**	**82055**
煤炭开采和洗选业	145287	41395	24678
石油和天然气开采业	153471	32660	41341
黑色金属矿采选业	15363	4079	3885
有色金属矿采选业	19031	6396	4815
非金属矿采选业	5423	1253	596
开采及其他辅助性活动	18001	2340	6724
其他采矿业	202	185	17
制造业	**9426242**	**3605620**	**518325**
农副食品加工业	36670	9948	16436
食品制造业	46325	12067	15927
酒、饮料和精制茶制造业	23948	7631	10431
烟草制品业	45933	10626	11071
纺织业	19232	3741	6875
纺织服装、服饰业	9264	588	1385
皮革、毛皮、羽毛及其制品和制鞋业	7125	560	317
木材加工和木、竹、藤、棕、草制品业	2988	645	1349
家具制造业	7522	481	1516
造纸和纸制品业	5336	816	1472
印刷和记录媒介复制业	7730	621	1747
文教、工美、体育和娱乐用品制造业	13011	3258	3929
石油加工、炼焦和核燃料加工业	46699	9830	12824
化学原料和化学制品制造业	251084	64698	53138
医药制造业	1119016	301110	52517
化学纤维制造业	11420	2467	6743
橡胶和塑料制品业	54250	14825	8923
非金属矿物制品业	50926	10037	13778
黑色金属冶炼和压延加工业	113388	28743	26503
有色金属冶炼和压延加工业	62489	17724	14506
金属制品业	65426	18343	14274
通用设备制造业	230376	28979	34972
专用设备制造业	248861	47683	29927
汽车制造业	1170922	344557	15288
铁路、船舶、航空航天和其他运输设备制造业	930043	350642	71077
电气机械和器材制造业	354570	49199	32502
计算机、通信和其他电子设备制造业	4247872	2245856	38348
仪器仪表制造业	183442	13144	11961
其他制造业	38288	3755	5919
废弃资源综合利用业	13242	2749	1734
金属制品、机械和设备修理业	8846	299	937
电力、热力、燃气及水生产和供应业	**399616**	**60042**	**67730**
电力、热力生产和供应业	388768	56062	66325
燃气生产和供应业	5809	2911	204
水的生产和供应业	5039	1069	1202

2-4-2-9 分行业港澳台商投资工业企业R&D经费外部支出情况

单位：万元

行　　业	R&D经费外部支出	#对境内研究机构支出	#对境内高等学校支出
合　计	**948497**	**232657**	**27021**
采矿业	**53219**	**1762**	**5308**
石油和天然气开采业	42050	166	3896
有色金属矿采选业	88	88	
制造业	**880485**	**230674**	**21330**
农副食品加工业	4715	1958	317
食品制造业	4268	1170	1380
酒、饮料和精制茶制造业	571	13	153
烟草制品业	10		
纺织业	10336	810	1285
纺织服装、服饰业	1531	1105	419
皮革、毛皮、羽毛及其制品和制鞋业	2919	106	321
木材加工和木、竹、藤、棕、草制品业	23	23	
家具制造业	293	6	29
造纸和纸制品业	781	60	281
印刷和记录媒介复制业	1706	245	182
文教、工美、体育和娱乐用品制造业	3827	122	247
石油加工、炼焦和核燃料加工业	3177	956	1551
化学原料和化学制品制造业	14563	7888	1951
医药制造业	367049	78232	6159
化学纤维制造业	6198	1033	105
橡胶和塑料制品业	3602	181	849
非金属矿物制品业	3695	949	583
黑色金属冶炼和压延加工业	927	10	51
有色金属冶炼和压延加工业	1501	385	400
金属制品业	2112	46	119
通用设备制造业	24260	326	740
专用设备制造业	40847	5811	562
汽车制造业	161479	120264	789
铁路、船舶、航空航天和其他运输设备制造业	10954	172	280
电气机械和器材制造业	45996	3168	1140
计算机、通信和其他电子设备制造业	151049	4356	629
仪器仪表制造业	11698	1165	751
其他制造业	228	114	
废弃资源综合利用业	60		60
金属制品、机械和设备修理业	113		
电力、热力、燃气及水生产和供应业	**14793**	**222**	**383**
电力、热力生产和供应业	13752	6	7
燃气生产和供应业	788	215	300
水的生产和供应业	253		76

2-4-2-10 分行业外商投资工业企业R&D经费外部支出情况

单位：万元

行　　业	R&D经费外部支出	#对境内研究机构支出	#对境内高等学校支出
合　计	**1701714**	**113052**	**36735**
采矿业	**11376**	**354**	**4804**
煤炭开采和洗选业	698		
石油和天然气开采业	9989	200	4337
黑色金属矿采选业	73	28	45
非金属矿采选业	94	13	14
制造业	**1688052**	**111825**	**31800**
农副食品加工业	5730	780	577
食品制造业	21606	2811	2962
酒、饮料和精制茶制造业	705	639	59
纺织业	2700	1328	70
纺织服装、服饰业	1739	70	102
皮革、毛皮、羽毛及其制品和制鞋业	2790	157	2044
家具制造业	265	5	
造纸和纸制品业	396	27	9
印刷和记录媒介复制业	166		87
文教、工美、体育和娱乐用品制造业	566		15
石油加工、炼焦和核燃料加工业	5385		20
化学原料和化学制品制造业	23022	3100	2640
医药制造业	281698	33124	5428
化学纤维制造业	1316	22	333
橡胶和塑料制品业	62932	473	813
非金属矿物制品业	7996	2115	1877
黑色金属冶炼和压延加工业	1336	1090	217
有色金属冶炼和压延加工业	1662	272	317
金属制品业	5925	8	320
通用设备制造业	94926	22469	4424
专用设备制造业	32507	1176	1699
汽车制造业	440492	19913	3785
铁路、船舶、航空航天和其他运输设备制造业	16097	709	302
电气机械和器材制造业	98948	9575	991
计算机、通信和其他电子设备制造业	562926	11051	2087
仪器仪表制造业	13057	900	547
其他制造业	27		
废弃资源综合利用业	583	12	2
金属制品、机械和设备修理业	481		1
电力、热力、燃气及水生产和供应业	**2286**	**873**	**132**
电力、热力生产和供应业	888	85	
燃气生产和供应业	1275	737	63
水的生产和供应业	124	51	69

2-4-2-11 各地区工业企业R&D经费外部支出情况

单位：万元

地　区	R&D经费外部支出	#对境内研究机构支出	#对境内高等学校支出
全　国	**12832845**	**4099679**	**731866**
东部地区	9322303	3277777	385048
中部地区	1598098	353262	157352
西部地区	1382151	393189	152178
东北地区	530294	75451	37288
北　京	566278	249884	24191
天　津	200645	37013	9845
河　北	273895	186898	9656
山　西	81366	29226	7615
内蒙古	90322	40791	9678
辽　宁	223676	34348	18876
吉　林	249494	30164	12532
黑龙江	57124	10939	5881
上　海	670780	62915	23672
江　苏	1276276	131442	92538
浙　江	770740	66495	63457
安　徽	429336	65501	36514
福　建	176977	32282	18946
江　西	148667	16801	10670
山　东	862331	143494	90455
河　南	215362	47034	23481
湖　北	378378	114546	34564
湖　南	344988	80155	44508
广　东	4428952	2351794	51756
广　西	82889	20297	3702
海　南	95430	15560	533
重　庆	194336	33869	11677
四　川	280334	46286	45731
贵　州	89803	10009	8478
云　南	120135	14933	15654
西　藏	6540	1267	585
陕　西	366410	195517	26525
甘　肃	29439	4590	7529
青　海	6418	794	642
宁　夏	29930	4948	4801
新　疆	85596	19888	17176

2-4-2-12 各地区大型工业企业R&D经费外部支出情况

单位：万元

地区	R&D经费外部支出	#对境内研究机构支出	#对境内高等学校支出
全 国	**8778195**	**3163501**	**396684**
东部地区	6497975	2714297	190176
中部地区	963592	182078	66757
西部地区	905967	225520	111616
东北地区	410661	41607	28135
北 京	130264	41857	14432
天 津	156961	21892	7491
河 北	229985	175939	5180
山 西	49172	19320	6680
内蒙古	70466	32535	7100
辽 宁	156474	22796	13455
吉 林	220288	15298	11626
黑龙江	33899	3513	3053
上 海	538695	49491	17062
江 苏	495219	44037	22688
浙 江	440509	26137	17195
安 徽	264001	37287	12520
福 建	64395	7290	7593
江 西	93287	5415	4758
山 东	579687	68524	63740
河 南	133040	26342	10729
湖 北	239028	70859	16161
湖 南	185064	22856	15909
广 东	3828355	2279061	34588
广 西	66888	17597	2561
海 南	33906	71	208
重 庆	110608	14774	7797
四 川	168155	30169	29821
贵 州	62272	6661	1932
云 南	67428	8703	11772
西 藏	652	163	292
陕 西	234191	89346	23047
甘 肃	19885	2362	6785
青 海	4291	557	597
宁 夏	22225	3611	3806
新 疆	78905	19044	16108

2-4-2-13 各地区中型工业企业R&D经费外部支出情况

单位：万元

地 区	R&D经费外部支出	#对境内研究机构支出	#对境内高等学校支出
全 国	**2343016**	**623114**	**139731**
东部地区	1693710	387797	82446
中部地区	315506	89176	34421
西部地区	272830	127841	18554
东北地区	60970	18300	4311
北 京	335075	202226	7713
天 津	26577	11559	383
河 北	26884	7382	2895
山 西	25990	7400	351
内 蒙 古	8451	3129	959
辽 宁	30680	3782	1857
吉 林	18849	9341	302
黑 龙 江	11441	5176	2152
上 海	71632	5880	4203
江 苏	366545	45366	21631
浙 江	188482	17641	17954
安 徽	66307	13851	10757
福 建	75648	17603	6165
江 西	33772	5812	2644
山 东	143513	28762	13176
河 南	45033	9994	5791
湖 北	66751	27555	4843
湖 南	77654	24564	10036
广 东	416983	43580	8034
广 西	12214	2291	452
海 南	42372	7797	292
重 庆	53240	6125	952
四 川	52977	8777	10248
贵 州	8069	168	2148
云 南	16665	2909	2451
西 藏	1341	1105	237
陕 西	108415	101825	596
甘 肃	3383	369	223
青 海	1776	81	2
宁 夏	4342	948	171
新 疆	1958	116	118

2-4-2-14 各地区国有及国有控股工业企业R&D经费外部支出情况

单位：万元

地 区	R&D经费外部支出	#对境内研究机构支出	#对境内高等学校支出
全 国	**4058381**	**970620**	**371609**
东部地区	2310180	534477	153690
中部地区	686967	194621	63949
西部地区	822253	202834	125013
东北地区	238981	38688	28958
北 京	336293	208866	20372
天 津	41119	25711	4687
河 北	41740	13279	5686
山 西	54835	20223	5616
内 蒙 古	69682	30168	7842
辽 宁	99487	19538	14072
吉 林	108359	14013	11677
黑 龙 江	31135	5137	3208
上 海	367870	45429	20236
江 苏	293981	30913	17486
浙 江	55703	13949	8538
安 徽	151078	40897	16171
福 建	47964	7477	4129
江 西	70136	5781	4134
山 东	359009	54545	57138
河 南	76813	23168	10052
湖 北	245099	88307	17264
湖 南	89006	16246	10712
广 东	762533	132755	15296
广 西	48699	3524	2892
海 南	3968	1553	122
重 庆	89249	15180	9519
四 川	140343	29419	32579
贵 州	51941	4838	7390
云 南	63218	7781	13886
西 藏	1316	915	203
陕 西	233572	85346	23815
甘 肃	21417	3312	6662
青 海	4953	586	599
宁 夏	19678	2652	3347
新 疆	78186	19113	16279

2-4-2-15　各地区内资工业企业R&D经费外部支出情况

单位：万元

地　区	R&D经费外部支出	#对境内研究机构支出	#对境内高等学校支出
全　国	**10182635**	**3753970**	**668110**
东部地区	7110613	2977655	334229
中部地区	1442700	334994	149032
西部地区	1297018	371644	148115
东北地区	332304	69677	36734
北　京	450015	232189	23654
天　津	71612	32382	7204
河　北	105639	22488	9432
山　西	77499	29124	7613
内蒙古	84227	38108	8389
辽　宁	143603	33008	18382
吉　林	136988	25896	12471
黑龙江	51714	10773	5881
上　海	320505	39100	17113
江　苏	780643	108408	83357
浙　江	539316	52993	53169
安　徽	356462	61531	35612
福　建	144438	29379	13554
江　西	140409	15677	10596
山　东	723851	124841	84531
河　南	206407	43598	21526
湖　北	340550	108535	30857
湖　南	321373	76528	42829
广　东	3931654	2325523	41891
广　西	62659	6043	3320
海　南	42939	10353	325
重　庆	170045	31484	11283
四　川	258906	45699	44908
贵　州	88201	9346	8282
云　南	110739	14213	15004
西　藏	6431	1267	476
陕　西	364495	195316	26315
甘　肃	29377	4540	7519
青　海	6418	794	642
宁　夏	29928	4948	4800
新　疆	85593	19888	17176

2-4-2-16 各地区港澳台商投资工业企业R&D经费外部支出情况

单位：万元

地 区	R&D经费外部支出	#对境内研究机构支出	#对境内高等学校支出
全 国	**948497**	**232657**	**27021**
东部地区	856582	220859	22512
中部地区	53223	8849	3498
西部地区	18062	2441	855
东北地区	20630	509	156
北 京	39570	16694	
天 津	15310	4042	2502
河 北	153344	151942	44
山 西	3311	42	
内 蒙 古	1601	10	364
辽 宁	13359	509	155
吉 林	2031		1
黑 龙 江	5240		
上 海	154122	1205	3221
江 苏	158473	13995	4275
浙 江	51398	3238	4026
安 徽	29334	856	360
福 建	20244	1991	2728
江 西	3100	1124	57
山 东	72121	15496	2229
河 南	5163	3228	1649
湖 北	5264	2152	1395
湖 南	7052	1448	38
广 东	144856	12257	3280
广 西	217	4	4
海 南	47143		208
重 庆	2207	1490	8
四 川	11771	171	292
贵 州	595		110
云 南	1581	716	64
陕 西	29		3
甘 肃	60	50	10
新 疆	3		

2-4-2-17　各地区外商投资工业企业R&D经费外部支出情况

单位：万元

地　区	R&D经费外部支出	#对境内研究机构支出	#对境内高等学校支出
全　国	**1701714**	**113052**	**36735**
东部地区	1355108	79263	28307
中部地区	102175	9419	4821
西部地区	67071	19104	3208
东北地区	177360	5265	399
北　京	76694	1001	537
天　津	113723	589	139
河　北	14911	12469	181
山　西	555	60	2
内蒙古	4495	2673	925
辽　宁	66714	831	340
吉　林	110475	4268	59
黑龙江	170	166	
上　海	196153	22610	3337
江　苏	337160	9039	4907
浙　江	180025	10264	6262
安　徽	43541	3113	542
福　建	12295	912	2664
江　西	5159		17
山　东	66359	3158	3695
河　南	3793	207	306
湖　北	32564	3860	2313
湖　南	16563	2179	1641
广　东	352442	14014	6586
广　西	20014	14250	377
海　南	5347	5207	
重　庆	22084	896	386
四　川	9657	416	531
贵　州	1007	664	85
云　南	7816	4	586
西　藏	109		109
陕　西	1886	202	207
甘　肃	2		
宁　夏	1		1

第二部分

工业企业研发活动情况

5

工业企业办研发机构情况

(2021)

2-5-1 分登记注册类型工业企业办研发机构情况

登记注册类型	机构数（个）	机构人员数（人）	#博士	#硕士	机构经费支出（万元）	仪器和设备原价（万元）
合 计	**120367**	**4124619**	**52493**	**458270**	**168789717**	**116100701**
国有及国有控股	**7274**	**649597**	**10771**	**155519**	**36168282**	**32086656**
内资企业	**106772**	**3283047**	**45742**	**379180**	**134075543**	**89873104**
国有企业	502	40233	858	9436	2042795	2274050
集体企业	64	1366	27	245	56818	51161
股份合作企业	139	2667	23	89	68868	66736
联营企业	16	286	11	29	13562	5071
国有联营企业	5	111	2	10	3828	1106
有限责任公司	16843	864223	16107	156306	48121299	34706908
国有独资公司	1083	79677	1935	20657	3970887	4707916
其他有限责任公司	15760	784546	14172	135649	44150413	29998992
股份有限公司	5995	533880	8385	106726	24136048	14631620
私营企业	83190	1837783	20309	105793	59556100	38056750
私营独资企业	930	11067	155	544	422651	264316
私营合伙企业	137	1455	11	61	34361	28286
私营有限责任公司	74318	1529175	15724	80608	49002834	31833092
私营股份有限公司	7805	296086	4419	24580	10096253	5931056
其他企业	23	2609	22	556	80055	80809
港、澳、台商投资企业	**6968**	**447707**	**2988**	**34688**	**15461407**	**11963198**
合资经营企业	2118	118941	989	9317	4770118	3699052
合作经营企业	62	2082	12	57	64981	51111
港、澳、台商独资经营企业	4138	241196	1188	12334	7245719	6512773
港、澳、台商投资股份有限公司	590	82480	793	12855	3286308	1659450
其他港、澳、台投资企业	60	3008	6	125	94281	40811
外商投资企业	**6627**	**393865**	**3763**	**44402**	**19252767**	**14264399**
中外合资经营企业	2453	153061	1551	21738	9854137	6335789
中外合作经营企业	53	3417	21	368	157562	126841
外资企业	3673	200453	1410	16180	7369984	6661800
外商投资股份有限公司	386	34062	757	5818	1763636	1022923
其他外商投资企业	62	2872	24	298	107449	117046

2-5-2　分登记注册类型大型工业企业办研发机构情况

登记注册类型	机构数 (个)	机构人员数 (人)	#博士	#硕士	机构经费支出 (万元)	仪器和设备原价 (万元)
合　计	**7909**	**1581268**	**22840**	**291498**	**87741923**	**47543931**
国有及国有控股	**2281**	**441665**	**7625**	**122187**	**27501647**	**18807969**
内资企业	**5930**	**1129698**	**19666**	**238723**	**66023258**	**33614303**
国有企业	163	27444	697	7200	1515253	1794862
有限责任公司	1996	434441	10392	112394	31721373	14506243
国有独资公司	356	50249	1485	14536	2965175	3041056
其他有限责任公司	1640	384192	8907	97858	28756198	11465187
股份有限公司	1777	357179	5301	86466	17784346	9722230
私营企业	1991	310189	3261	32467	14980009	7579690
私营独资企业	5	1423		21	49175	71692
私营有限责任公司	1405	212353	1768	22026	10916649	5910592
私营股份有限公司	581	96413	1493	10420	4014185	1597406
其他企业						
港、澳、台商投资企业	**1027**	**249282**	**1464**	**24292**	**9380758**	**6256610**
合资经营企业	268	56522	395	5321	2568764	1597494
合作经营企业	4	433	3	3	8230	1904
港、澳、台商独资经营企业	518	127497	536	8254	4219840	3563151
港、澳、台商投资股份有限公司	231	63626	530	10652	2555572	1086023
其他港、澳、台投资企业	6	1204		62	28353	8037
外商投资企业	**952**	**202288**	**1710**	**28483**	**12337907**	**7673019**
中外合资经营企业	346	82866	725	15620	7116906	3901415
中外合作经营企业	9	1867	10	252	107461	63245
外资企业	496	97669	618	9300	4029771	3138309
外商投资股份有限公司	96	19194	357	3299	1064109	539242
其他外商投资企业	5	692		12	19661	30807

2-5-3　分登记注册类型中型工业企业办研发机构情况

登记注册类型	机构数（个）	机构人员数（人）	#博士	#硕士	机构经费支出（万元）	仪器和设备原价（万元）
合　计	**19963**	**1071318**	**10743**	**81912**	**36762819**	**29030727**
国有及国有控股	**2350**	**137929**	**2016**	**22533**	**5693854**	**6604486**
内资企业	**15858**	**838529**	**8846**	**65910**	**28871146**	**22243457**
国有企业	150	8629	94	1507	375396	315361
集体企业	9	247	3	8	11378	23690
股份合作企业	18	778	1	21	28701	33700
联营企业	3	70		6	5229	2275
有限责任公司	3907	219695	2609	24576	8852023	8642625
国有独资公司	391	20003	323	4399	668799	1142122
其他有限责任公司	3516	199692	2286	20177	8183224	7500503
股份有限公司	2036	122898	1973	14649	4518376	3585649
私营企业	9729	485668	4164	25035	15060968	9625095
私营独资企业	45	2180	32	160	163675	28537
私营合伙企业	11	362	3	10	9556	5868
私营有限责任公司	7945	384886	2882	16935	11689692	7395760
私营股份有限公司	1728	98240	1247	7930	3198045	2194931
其他企业	6	544	2	108	19075	15063
港、澳、台商投资企业	**2114**	**121299**	**849**	**6472**	**3713219**	**3324984**
合资经营企业	624	36997	329	2386	1322070	1269579
合作经营企业	17	797		8	21911	9166
港、澳、台商独资经营企业	1248	68053	304	2326	1766404	1589958
港、澳、台商投资股份有限公司	206	14261	211	1723	570686	442996
其他港、澳、台投资企业	19	1191	5	29	32149	13284
外商投资企业	**1991**	**111490**	**1048**	**9530**	**4178455**	**3462286**
中外合资经营企业	706	40665	342	3729	1649561	1432875
中外合作经营企业	20	1071	10	95	31624	48025
外资企业	1113	59469	435	3860	2022884	1634907
外商投资股份有限公司	136	9082	247	1641	422187	290532
其他外商投资企业	16	1203	14	205	52199	55947

2-5-4 分行业工业企业办研发机构情况

行业	机构数（个）	机构人员数（人）	#博士	#硕士	机构经费支出（万元）	仪器和设备原价（万元）
合 计	**120367**	**4124619**	**52493**	**458270**	**168789717**	**116100701**
采矿业	**896**	**59060**	**1322**	**11231**	**1983107**	**1940686**
煤炭开采和洗选业	284	20926	167	1641	506257	688311
石油和天然气开采业	90	19987	803	7800	657059	514057
黑色金属矿采选业	75	4380	145	383	203621	182551
有色金属矿采选业	122	4653	39	271	179259	154851
非金属矿采选业	287	4407	44	247	167667	189540
开采及其他辅助性活动	38	4707	124	889	269245	211377
制造业	**118485**	**4035724**	**50291**	**442274**	**165555685**	**111215808**
农副食品加工业	3500	53498	1646	5247	2087295	1282515
食品制造业	2136	54471	1106	5076	1624206	1730554
酒、饮料和精制茶制造业	1067	27170	464	2289	801698	1005257
烟草制品业	75	4547	279	1429	391956	512057
纺织业	4395	101647	662	2623	2449582	1970408
纺织服装、服饰业	1703	43278	336	1151	839725	477691
皮革、毛皮、羽毛及其制品和制鞋业	1395	30321	162	523	584150	246796
木材加工和木、竹、藤、棕、草制品业	1087	16623	186	643	533150	327324
家具制造业	1583	41885	138	934	966495	443845
造纸和纸制品业	1543	41140	272	852	1695513	1323045
印刷和记录媒介复制业	1515	34471	276	990	860431	1034271
文教、工美、体育和娱乐用品制造业	2205	55666	353	1643	1212473	649779
石油加工、炼焦和核燃料加工业	446	20121	301	2131	1798317	1432466
化学原料和化学制品制造业	8020	197754	4216	20591	9271671	6849628
医药制造业	4059	177028	5237	35238	9104664	5573475
化学纤维制造业	665	27709	277	1170	1308830	1489298
橡胶和塑料制品业	6752	153834	1253	6077	4405734	7088382
非金属矿物制品业	7109	158597	1695	7167	5095438	6094155
黑色金属冶炼和压延加工业	1113	69514	1128	5193	8144807	4097041
有色金属冶炼和压延加工业	2245	70249	1074	5035	4341703	3343056
金属制品业	8104	183800	1599	7692	5492689	4700411
通用设备制造业	10985	298166	2657	23663	9323241	7651921
专用设备制造业	9604	282201	3312	30481	8670339	7273229
汽车制造业	5594	298232	2293	38396	15775575	8945467
铁路、船舶、航空航天和其他运输设备制造业	1924	114341	1373	21476	4205181	4228952
电气机械和器材制造业	12829	459511	4412	38724	17822098	9653639
计算机、通信和其他电子设备制造业	12700	877483	12026	158993	42322904	18645886
仪器仪表制造业	2972	112710	1278	14017	3282617	2321283
其他制造业	591	15653	124	1569	505836	386176
废弃资源综合利用业	460	8500	133	549	496698	315597
金属制品、机械和设备修理业	109	5604	23	712	140672	122205
电力、热力、燃气及水生产和供应业	**986**	**29835**	**880**	**4765**	**1250925**	**2944206**
电力、热力生产和供应业	600	19599	740	3713	903510	2295988
燃气生产和供应业	159	5354	49	399	202237	493619
水的生产和供应业	227	4882	91	653	145178	154600

2-5-5 分行业大型工业企业办研发机构情况

行业	机构数（个）	机构人员数（人）	#博士	#硕士	机构经费支出（万元）	仪器和设备原价（万元）
合计	**7909**	**1581268**	**22840**	**291498**	**87741923**	**47543931**
采矿业	**269**	**43347**	**1206**	**10475**	**1449951**	**1180059**
煤炭开采和洗选业	139	15011	156	1551	392785	380231
石油和天然气开采业	77	19412	776	7599	635192	451017
黑色金属矿采选业	16	2559	133	324	92130	80018
有色金属矿采选业	19	1642	17	111	59802	87511
非金属矿采选业	6	536	5	54	19791	23961
开采及其他辅助性活动	12	4187	119	836	250251	157322
制造业	**7557**	**1528484**	**20990**	**277778**	**85857740**	**45274466**
农副食品加工业	105	6677	129	631	294895	134941
食品制造业	180	13710	271	1567	575175	564366
酒、饮料和精制茶制造业	180	11743	152	1183	384493	455942
烟草制品业	29	3430	252	1248	353085	418283
纺织业	206	20916	153	492	543263	310824
纺织服装、服饰业	102	11856	59	272	238471	172112
皮革、毛皮、羽毛及其制品和制鞋业	44	6530	28	84	110631	32592
木材加工和木、竹、藤、棕、草制品业	9	669	2	23	22849	17063
家具制造业	77	13803	35	388	381673	112526
造纸和纸制品业	70	10670	59	204	653248	160212
印刷和记录媒介复制业	36	4470	25	158	97232	61191
文教、工美、体育和娱乐用品制造业	95	12919	61	356	293497	157093
石油加工、炼焦和核燃料加工业	119	12776	213	1702	1285332	1117361
化学原料和化学制品制造业	370	35835	621	4978	2301988	1919333
医药制造业	415	62087	2048	17644	4355448	2180473
化学纤维制造业	96	15028	111	666	826911	1017488
橡胶和塑料制品业	226	35574	289	1881	1205845	1349558
非金属矿物制品业	225	30132	184	1187	944847	755249
黑色金属冶炼和压延加工业	243	49969	879	4132	6743954	2943140
有色金属冶炼和压延加工业	270	26535	316	2020	1533825	1788649
金属制品业	289	36808	205	2397	1227987	1201496
通用设备制造业	490	75582	667	11456	3310239	2466276
专用设备制造业	373	69028	767	13581	2702990	1800873
汽车制造业	485	157117	1320	31310	11575983	4837476
铁路、船舶、航空航天和其他运输设备制造业	287	66032	884	15971	2681500	2880797
电气机械和器材制造业	930	178729	2219	24639	8935436	4000160
计算机、通信和其他电子设备制造业	1397	528128	8683	130518	31038010	11655144
仪器仪表制造业	125	23245	265	5404	844265	480795
其他制造业	53	4556	45	1005	232748	209236
废弃资源综合利用业	4	882	36	153	84213	19646
金属制品、机械和设备修理业	27	3048	12	528	77709	54173
电力、热力、燃气及水生产和供应业	**83**	**9437**	**644**	**3245**	**434232**	**1089407**
电力、热力生产和供应业	63	7059	582	2803	345294	1037481
燃气生产和供应业	11	1573	37	262	58767	23474
水的生产和供应业	9	805	25	180	30172	28452

2-5-6 分行业中型工业企业办研发机构情况

行业	机构数（个）	机构人员数（人）	#博士	#硕士	机构经费支出（万元）	仪器和设备原价（万元）
合 计	**19963**	**1071318**	**10743**	**81912**	**36762819**	**29030727**
采矿业	**224**	**10387**	**58**	**454**	**299932**	**409574**
煤炭开采和洗选业	109	5479	10	76	91555	235116
黑色金属矿采选业	26	1160	7	32	77375	74151
有色金属矿采选业	44	2086	9	117	78756	39676
非金属矿采选业	29	1100	9	55	32752	31104
开采及其他辅助性活动	15	365	4	44	15066	19311
制造业	**19573**	**1053599**	**10569**	**80770**	**36152442**	**28044019**
农副食品加工业	453	13706	352	1249	504082	309739
食品制造业	443	18373	274	1484	472790	608018
酒、饮料和精制茶制造业	191	6367	87	390	174293	259586
烟草制品业	21	593	20	106	26838	53599
纺织业	767	36283	188	851	842315	677129
纺织服装、服饰业	392	15814	101	402	305865	137211
皮革、毛皮、羽毛及其制品和制鞋业	245	9712	38	157	172481	76370
木材加工和木、竹、藤、棕、草制品业	103	4611	61	177	164871	60675
家具制造业	285	12438	16	143	254975	171045
造纸和纸制品业	243	11978	75	293	481691	577940
印刷和记录媒介复制业	233	11390	81	307	302181	331988
文教、工美、体育和娱乐用品制造业	387	18427	90	484	377025	199295
石油加工、炼焦和核燃料加工业	70	4190	34	206	307048	216270
化学原料和化学制品制造业	1278	61009	1242	6810	3029000	1865863
医药制造业	1067	62098	1665	11258	2975986	2058448
化学纤维制造业	105	5595	87	180	232969	243049
橡胶和塑料制品业	768	38426	272	1579	1078442	930974
非金属矿物制品业	979	47604	388	1953	1502164	2464093
黑色金属冶炼和压延加工业	149	8478	69	451	849344	629513
有色金属冶炼和压延加工业	365	18552	306	1415	1275869	802217
金属制品业	1073	52153	529	2345	1676800	1264983
通用设备制造业	1468	79402	598	5864	2404472	2271801
专用设备制造业	1387	81159	819	8377	2418775	1488058
汽车制造业	1211	70140	369	3862	2325297	2157479
铁路、船舶、航空航天和其他运输设备制造业	424	25032	218	3372	863485	763138
电气机械和器材制造业	2183	121730	795	7110	4202856	2844891
计算机、通信和其他电子设备制造业	2593	172120	1334	15223	5639774	3522459
仪器仪表制造业	535	38350	415	4191	1045033	865435
其他制造业	86	4200	30	327	102956	75802
废弃资源综合利用业	46	2357	13	64	111020	72732
金属制品、机械和设备修理业	23	1312	3	140	31748	44221
电力、热力、燃气及水生产和供应业	**166**	**7332**	**116**	**688**	**310446**	**577134**
电力、热力生产和供应业	107	4789	99	399	215917	413429
燃气生产和供应业	23	1180	1	51	46692	107744
水的生产和供应业	36	1363	16	238	47837	55961

2-5-7 分行业国有及国有控股工业企业办研发机构情况

行业	机构数（个）	机构人员数（人）	#博士	#硕士	机构经费支出（万元）	仪器和设备原价（万元）
合计	**7274**	**649597**	**10771**	**155519**	**36168282**	**32086656**
采矿业	**421**	**43781**	**1168**	**9293**	**1555502**	**1450415**
煤炭开采和洗选业	193	13943	163	1595	384907	488301
石油和天然气开采业	80	17896	712	6149	618503	477728
黑色金属矿采选业	29	2958	131	345	117733	158153
有色金属矿采选业	69	3543	31	232	134418	121703
非金属矿采选业	38	1183	12	119	45237	46782
开采及其他辅助性活动	12	4258	119	853	254705	157750
制造业	**6394**	**586365**	**8854**	**142195**	**33744707**	**28415442**
农副食品加工业	83	1837	30	150	66101	46313
食品制造业	97	4168	87	603	154342	124670
酒、饮料和精制茶制造业	182	7086	125	933	276269	203360
烟草制品业	51	3993	275	1409	373153	502168
纺织业	57	3417	33	144	81414	78437
纺织服装、服饰业	23	1442	36	50	21770	21553
皮革、毛皮、羽毛及其制品和制鞋业	11	247	1	8	6476	2086
木材加工和木、竹、藤、棕、草制品业	15	352	3	30	26887	8968
家具制造业	5	966	2	183	52482	12746
造纸和纸制品业	44	2976	44	163	115252	57587
印刷和记录媒介复制业	44	1780	11	125	46848	63990
文教、工美、体育和娱乐用品制造业	16	794		29	17091	13533
石油加工、炼焦和核燃料加工业	94	8348	181	1533	434197	360478
化学原料和化学制品制造业	596	30340	680	5108	1800931	1836630
医药制造业	367	20738	499	4442	1143856	709779
化学纤维制造业	37	2806	80	540	163039	140537
橡胶和塑料制品业	158	7339	70	724	244112	3354888
非金属矿物制品业	516	22349	179	1573	867623	1856176
黑色金属冶炼和压延加工业	122	19405	624	3590	3091298	1093562
有色金属冶炼和压延加工业	276	20278	408	2640	1160250	1302968
金属制品业	318	17453	345	2904	660439	958038
通用设备制造业	534	40550	496	10014	1967350	1638776
专用设备制造业	535	39379	533	9321	1478468	1449657
汽车制造业	398	90674	873	23770	7998779	3517096
铁路、船舶、航空航天和其他运输设备制造业	429	67498	1022	18708	2763188	3163931
电气机械和器材制造业	429	30320	438	7403	1541805	1333622
计算机、通信和其他电子设备制造业	655	119132	1518	40881	6325484	3803975
仪器仪表制造业	176	11799	192	3362	477069	404839
其他制造业	64	5421	58	1282	270329	259269
废弃资源综合利用业	24	487	2	47	38273	41415
金属制品、机械和设备修理业	38	2991	9	526	80131	54397
电力、热力、燃气及水生产和供应业	**459**	**19451**	**749**	**4031**	**868073**	**2220799**
电力、热力生产和供应业	306	14381	688	3446	688960	1883931
燃气生产和供应业	45	2473	22	230	98537	224599
水的生产和供应业	108	2597	39	355	80576	112269

2-5-8 分行业内资工业企业办研发机构情况

行　业	机构数（个）	机　构人员数（人）	#博士	#硕士	机构经费支　出（万元）	仪器和设备原价（万元）
合　计	**106772**	**3283047**	**45742**	**379180**	**134075543**	**89873104**
采矿业	**842**	**54495**	**1215**	**9510**	**1891921**	**1838356**
煤炭开采和洗选业	275	19642	161	1613	488804	660100
石油和天然气开采业	83	17919	712	6146	621450	488676
黑色金属矿采选业	70	4254	145	382	195081	169530
有色金属矿采选业	114	4288	39	257	169254	149309
非金属矿采选业	271	3812	36	240	156682	170708
开采及其他辅助性活动	29	4580	122	872	260651	200034
制造业	**105107**	**3203664**	**43700**	**365307**	**131140925**	**85439300**
农副食品加工业	3259	46693	1484	4402	1766085	1134699
食品制造业	1779	38934	854	3575	1180890	970731
酒、饮料和精制茶制造业	944	22028	438	2091	682534	607155
烟草制品业	74	4517	277	1418	391279	508870
纺织业	3885	80738	548	2134	1919107	1516333
纺织服装、服饰业	1422	31277	296	914	638873	301847
皮革、毛皮、羽毛及其制品和制鞋业	1223	22645	143	413	442851	182306
木材加工和木、竹、藤、棕、草制品业	1045	15452	173	600	497687	306630
家具制造业	1409	33711	104	846	786047	364808
造纸和纸制品业	1329	30298	228	653	1076696	837468
印刷和记录媒介复制业	1356	27221	232	842	700678	758121
文教、工美、体育和娱乐用品制造业	1856	39631	289	1339	914042	477834
石油加工、炼焦和核燃料加工业	408	19178	281	2052	1741343	1380587
化学原料和化学制品制造业	7180	170902	3727	17825	7949627	5612792
医药制造业	3564	138474	3917	24790	6610864	4119401
化学纤维制造业	585	21520	224	1020	983990	1071558
橡胶和塑料制品业	5972	118621	1075	4979	3440712	5949789
非金属矿物制品业	6721	139617	1548	6604	4557970	4935024
黑色金属冶炼和压延加工业	1029	65253	1096	4918	7514554	3666095
有色金属冶炼和压延加工业	2078	64368	1016	4712	3994062	2827413
金属制品业	7331	154927	1474	6982	4677643	4024088
通用设备制造业	9837	244001	2291	18819	7300415	6100897
专用设备制造业	8651	238711	2817	24848	7022546	6259164
汽车制造业	4654	188914	1609	20244	8041314	5192901
铁路、船舶、航空航天和其他运输设备制造业	1749	102550	1331	20530	3793861	3949577
电气机械和器材制造业	11459	380729	3829	33072	14648130	8009008
计算机、通信和其他电子设备制造业	10621	642649	11022	140066	34135943	11816087
仪器仪表制造业	2656	94335	1111	11921	2679815	1833351
其他制造业	506	13229	117	1533	461332	360836
废弃资源综合利用业	435	7883	127	510	462665	272452
金属制品、机械和设备修理业	90	4658	22	655	127371	91478
电力、热力、燃气及水生产和供应业	**823**	**24888**	**827**	**4363**	**1042698**	**2595448**
电力、热力生产和供应业	524	17558	722	3573	782253	2143028
燃气生产和供应业	94	2942	23	224	132408	308049
水的生产和供应业	205	4388	82	566	128036	144372

2-5-9 分行业港澳台商投资工业企业办研发机构情况

行 业	机构数（个）	机构人员数（人）	#博士	#硕士	机构经费支出（万元）	仪器和设备原价（万元）
合 计	**6968**	**447707**	**2988**	**34688**	**15461407**	**11963198**
采矿业	**29**	**2417**	**93**	**1273**	**38251**	**49964**
石油和天然气开采业	4	1618	80	1248	19062	21108
黑色金属矿采选业	3	16			2082	1741
有色金属矿采选业	4	163		3	3996	3210
非金属矿采选业	7	391	6	3	5193	12824
开采及其他辅助性活动	7	60	1	8	5505	10068
制造业	**6855**	**442878**	**2858**	**33159**	**15326249**	**11782806**
农副食品加工业	92	2792	54	195	105697	58862
食品制造业	137	4961	80	512	155924	262941
酒、饮料和精制茶制造业	62	2282	12	93	52863	90541
纺织业	346	14768	82	265	359903	326446
纺织服装、服饰业	182	9259	21	163	151431	108514
皮革、毛皮、羽毛及其制品和制鞋业	103	4246	9	52	69958	42908
木材加工和木、竹、藤、棕、草制品业	25	859	12	35	25620	15075
家具制造业	105	5018	3	57	115720	55334
造纸和纸制品业	141	8459	20	115	434399	164065
印刷和记录媒介复制业	117	5235	39	116	114890	223012
文教、工美、体育和娱乐用品制造业	233	12443	51	235	204571	127487
石油加工、炼焦和核燃料加工业	18	564	14	51	28404	42395
化学原料和化学制品制造业	412	13277	208	1122	629690	560152
医药制造业	249	20883	586	5121	1188124	758848
化学纤维制造业	47	3981	42	103	200830	369737
橡胶和塑料制品业	472	22946	102	599	639454	700714
非金属矿物制品业	204	11244	54	291	334215	567411
黑色金属冶炼和压延加工业	44	1947	8	104	226134	311986
有色金属冶炼和压延加工业	99	3637	37	138	219348	391936
金属制品业	468	18114	64	350	484131	407824
通用设备制造业	457	21154	95	1689	676547	583149
专用设备制造业	456	21264	191	2705	746094	468525
汽车制造业	235	34569	208	4932	1627666	774278
铁路、船舶、航空航天和其他运输设备制造业	76	5642	22	338	160904	82223
电气机械和器材制造业	767	47936	275	2537	1848351	868504
计算机、通信和其他电子设备制造业	1077	132867	482	10307	4147785	3016937
仪器仪表制造业	150	9954	81	862	319913	339735
其他制造业	55	1696	2	13	29714	16313
废弃资源综合利用业	16	468	2	28	24912	35391
金属制品、机械和设备修理业	9	383		20	2381	8375
电力、热力、燃气及水生产和供应业	**84**	**2412**	**37**	**256**	**96906**	**130428**
电力、热力生产和供应业	47	1290	13	80	69385	89056
燃气生产和供应业	24	764	18	125	18342	35217
水的生产和供应业	13	358	6	51	9179	6156

2-5-10 分行业外商投资工业企业办研发机构情况

行业	机构数（个）	机构人员数（人）	#博士	#硕士	机构经费支出（万元）	仪器和设备原价（万元）
合计	**6627**	**393865**	**3763**	**44402**	**19252767**	**14264399**
采矿业	**25**	**2148**	**14**	**448**	**52935**	**52366**
煤炭开采和洗选业	5	1115		17	15040	27199
石油和天然气开采业	3	450	11	406	16547	4273
非金属矿采选业	9	204	2	4	5792	6008
制造业	**6523**	**389182**	**3733**	**43808**	**19088511**	**13993702**
农副食品加工业	149	4013	108	650	215513	88954
食品制造业	220	10576	172	989	287393	496881
酒、饮料和精制茶制造业	61	2860	14	105	66301	307561
纺织业	164	6141	32	224	170572	127629
纺织服装、服饰业	99	2742	19	74	49421	67330
皮革、毛皮、羽毛及其制品和制鞋业	69	3430	10	58	71341	21583
木材加工和木、竹、藤、棕、草制品业	17	312	1	8	9843	5619
家具制造业	69	3156	31	31	64728	23704
造纸和纸制品业	73	2383	24	84	184418	321512
印刷和记录媒介复制业	42	2015	5	32	44863	53138
文教、工美、体育和娱乐用品制造业	116	3592	13	69	93860	44458
石油加工、炼焦和核燃料加工业	20	379	6	28	28570	9484
化学原料和化学制品制造业	428	13575	281	1644	692354	676685
医药制造业	246	17671	734	5327	1305676	695226
化学纤维制造业	33	2208	11	47	124011	48003
橡胶和塑料制品业	308	12267	76	499	325569	437880
非金属矿物制品业	184	7736	93	272	203253	591720
黑色金属冶炼和压延加工业	40	2314	24	171	404118	118960
有色金属冶炼和压延加工业	68	2244	21	185	128293	123706
金属制品业	305	10759	61	360	330915	268499
通用设备制造业	691	33011	271	3155	1346279	967875
专用设备制造业	497	22226	304	2928	901699	545540
汽车制造业	705	74749	476	13220	6106594	2978288
铁路、船舶、航空航天和其他运输设备制造业	99	6149	20	608	250416	197152
电气机械和器材制造业	603	30846	308	3115	1325617	776126
计算机、通信和其他电子设备制造业	1002	101967	522	8620	4039176	3812862
仪器仪表制造业	166	8421	86	1234	282890	148197
其他制造业	30	728	5	23	14790	9027
废弃资源综合利用业	9	149	4	11	9120	7754
金属制品、机械和设备修理业	10	563	1	37	10921	22352
电力、热力、燃气及水生产和供应业	**79**	**2535**	**16**	**146**	**111321**	**218330**
电力、热力生产和供应业	29	751	5	60	51871	63905
燃气生产和供应业	41	1648	8	50	51487	150354
水的生产和供应业	9	136	3	36	7963	4072

2-5-11 各地区工业企业办研发机构情况

地　区	机构数（个）	机构人员数（人）	#博士	#硕士	机构经费支出（万元）	仪器和设备原价（万元）
全　国	**120367**	**4124619**	**52493**	**458270**	**168789717**	**116100701**
东部地区	86965	3027989	35564	327352	125625453	75189799
中部地区	25199	719621	10721	76971	27873321	22870320
西部地区	7187	311888	5153	40988	12177769	15022972
东北地区	1016	65121	1055	12959	3113175	3017610
北　京	548	47048	1596	13687	2878512	1467926
天　津	639	41949	660	7311	1607877	1225040
河　北	2816	95112	975	9640	4655799	2598299
山　西	1413	63210	624	4857	1978737	2533679
内蒙古	182	13187	148	2067	495730	537789
辽　宁	611	34989	437	6424	1232423	1272148
吉　林	158	14189	332	3798	1135463	955049
黑龙江	247	15943	286	2737	745289	790413
上　海	850	75065	2081	20273	6085762	3673114
江　苏	17805	523884	6971	50188	22632446	18691786
浙　江	20752	632839	4058	37039	21136698	12526376
安　徽	7114	172136	2683	17798	6833679	5875217
福　建	2115	113138	1101	8904	3925975	2524322
江　西	5270	128937	952	6563	5199616	3120403
山　东	8434	271560	4134	33213	12002019	8873232
河　南	3302	111469	1750	13357	3666350	3736985
湖　北	5013	153690	2820	19463	6187368	5066696
湖　南	3087	90179	1892	14933	4007571	2537340
广　东	32938	1224075	13945	146861	50468353	23410279
广　西	697	28940	335	2178	1135602	1510861
海　南	68	3319	43	236	232013	199425
重　庆	1928	74738	944	8155	3197207	5468298
四　川	2023	90392	1834	12257	3139631	2819005
贵　州	503	20778	217	2410	773200	694167
云　南	493	19111	279	1577	779684	917078
西　藏	3	37	2	5	1181	584
陕　西	705	35864	668	8014	1474333	1629356
甘　肃	225	8294	180	1127	231407	380706
青　海	54	2446	41	315	76127	112654
宁　夏	211	8168	246	613	347820	313607
新　疆	163	9933	259	2270	525849	638866

2-5-12　各地区大型工业企业办研发机构情况

地　　区	机构数（个）	机构人员数（人）	#博士	#硕士	机构经费支出（万元）	仪器和设备原价（万元）
全　　国	**7909**	**1581268**	**22840**	**291498**	**87741923**	**47543931**
东部地区	5151	1137091	17112	217730	66551770	30330503
中部地区	1634	262821	2955	38636	12096743	9334317
西部地区	948	143208	2140	25368	6760297	5816035
东北地区	176	38148	633	9764	2333114	2063077
北　　京	67	19521	685	6540	1564316	800734
天　　津	61	17027	288	4157	728832	467906
河　　北	227	46267	429	6060	3027071	1036246
山　　西	192	30186	213	2876	1046559	1366252
内 蒙 古	60	9465	107	1757	321307	356316
辽　　宁	85	17167	185	4067	739568	709068
吉　　林	27	10212	228	3459	1011466	814692
黑 龙 江	64	10769	220	2238	582079	539317
上　　海	97	36766	1273	14562	4369419	2231815
江　　苏	904	157572	1596	22471	9541070	7527042
浙　　江	693	162361	1196	19934	7724307	3201902
安　　徽	393	54023	490	8239	2877259	2156581
福　　建	236	57304	545	6178	2334631	1371148
江　　西	221	38261	230	2726	1841819	1179567
山　　东	872	119457	1727	20468	6578769	4325890
河　　南	388	52635	542	7403	1906576	1665969
湖　　北	283	53741	922	10231	2795746	1745846
湖　　南	157	33975	558	7161	1628784	1220102
广　　东	1990	519923	9354	117311	30627485	9359220
广　　西	50	12644	194	1581	664904	921675
海　　南	4	893	19	49	55871	8600
重　　庆	165	27438	318	4534	1536566	946673
四　　川	262	39024	662	6583	1604666	1466622
贵　　州	69	10328	90	1307	449636	384064
云　　南	47	8577	129	866	354493	295828
陕　　西	138	19919	338	5381	1036362	905072
甘　　肃	47	5041	63	840	169813	241060
青　　海	36	1746	34	284	66399	65235
宁　　夏	19	1897	17	210	102678	42122
新　　疆	55	7129	188	2025	453475	191370

2-5-13 各地区中型工业企业办研发机构情况

地 区	机构数（个）	机构人员数（人）	#博士	#硕士	机构经费支出（万元）	仪器和设备原价（万元）
全 国	**19963**	**1071318**	**10743**	**81912**	**36762819**	**29030727**
东部地区	14126	790663	7041	55208	27034639	19357798
中部地区	4020	181391	2436	16547	6393769	6042310
西部地区	1588	86702	1142	8675	2974470	3196109
东北地区	229	12562	124	1482	359941	434511
北 京	180	17029	615	4847	854151	416624
天 津	198	13891	210	1947	539004	460906
河 北	441	20033	143	1685	767099	594520
山 西	303	17209	111	1006	511800	612369
内蒙古	41	2259	10	180	102838	58088
辽 宁	152	8012	72	1087	208445	205257
吉 林	35	1820	24	131	59692	56708
黑龙江	42	2730	28	264	91804	172546
上 海	216	20951	405	3458	981664	884961
江 苏	2770	143239	1699	12506	5896920	4867034
浙 江	3003	186297	1121	8270	6054205	3994856
安 徽	1024	43161	569	3683	1453698	1559176
福 建	519	29411	272	1575	801715	655402
江 西	737	32247	210	1484	1226633	678709
山 东	1620	67797	1015	7076	2591611	2075629
河 南	696	25620	513	2993	885956	1273438
湖 北	760	40033	609	3832	1378082	1311241
湖 南	500	23121	424	3549	937600	607377
广 东	5147	290368	1546	13686	8408536	5268491
广 西	150	7752	56	313	210946	319679
海 南	32	1647	15	158	139734	139375
重 庆	470	24228	225	1889	914794	904825
四 川	483	26382	468	2985	875919	808809
贵 州	93	5724	30	746	188499	165323
云 南	102	5037	46	377	235274	251412
陕 西	127	8805	128	1622	244342	349988
甘 肃	49	1832	48	167	32568	96275
青 海	5	447	6	21	2997	42912
宁 夏	41	3076	101	205	139228	136071
新 疆	27	1160	24	170	27066	62729

2-5-14 各地区国有及国有控股工业企业办研发机构情况

地　区	机构数（个）	机构人员数（人）	#博士	#硕士	机构经费支出（万元）	仪器和设备原价（万元）
全　国	**7274**	**649597**	**10771**	**155519**	**36168282**	**32086656**
东部地区	3422	312127	5698	85085	20257236	13154467
中部地区	2140	168045	2375	33334	7891090	7230584
西部地区	1496	137380	2034	27701	5973116	9790270
东北地区	216	32045	664	9399	2046840	1911335
北　京	173	22825	957	7777	1659946	958223
天　津	133	11896	188	3365	446535	441196
河　北	247	17645	282	3552	925700	483965
山　西	367	22535	211	3515	758062	1145910
内蒙古	70	8426	56	1630	211792	318490
辽　宁	123	15103	230	3854	667013	630801
吉　林	28	8194	221	3305	963130	743707
黑龙江	65	8748	213	2240	416697	536826
上　海	176	34204	1132	14241	4204069	2310095
江　苏	702	43425	694	9701	2582735	2683323
浙　江	303	15603	169	1915	965090	675231
安　徽	505	31233	330	4587	1610434	1432978
福　建	125	14027	148	2376	590091	360464
江　西	264	15473	143	1988	910299	654000
山　东	778	59535	1112	14071	2927078	2369446
河　南	375	30500	329	6601	1131897	1560914
湖　北	371	45647	849	10507	2328251	1625910
湖　南	258	22657	513	6136	1152147	810874
广　东	772	92632	1011	28007	5930106	2865696
广　西	109	10510	119	1313	442341	1039745
海　南	13	335	5	80	25887	6829
重　庆	280	23368	343	5030	1399471	4067897
四　川	321	32555	508	6585	1309324	1473900
贵　州	127	12325	96	1921	501922	518878
云　南	118	9257	157	1143	439904	607153
陕　西	258	25453	444	6716	1074099	1117167
甘　肃	94	5228	74	920	160457	226037
青　海	35	2001	36	288	61110	98826
宁　夏	23	1817	31	249	52941	64361
新　疆	61	6440	170	1906	319755	257817

2-5-15　各地区内资工业企业办研发机构情况

地　　区	机构数（个）	机　构人员数（人）			机构经费支　出（万元）	仪 器 和设备原价（万元）
			#博士	#硕士		
全　　国	**106772**	**3283047**	**45742**	**379180**	**134075543**	**89873104**
东部地区	75020	2297816	29824	259674	95451783	53097466
中部地区	24028	644846	10069	70412	25104699	20675389
西部地区	6813	284366	4877	38539	11016539	13674020
东北地区	911	56019	972	10555	2502522	2426230
北　　京	454	36914	1330	11108	2232421	1089701
天　　津	521	31343	520	5491	1155616	986159
河　　北	2660	73202	859	6858	3344753	1972378
山　　西	1372	57349	613	4704	1877925	2441034
内 蒙 古	171	12389	116	1890	444873	442205
辽　　宁	532	28669	378	5050	909964	1037705
吉　　林	144	11733	309	2799	855263	643882
黑 龙 江	235	15617	285	2706	737296	744643
上　　海	581	44525	1405	11009	3201795	2026875
江　　苏	15212	386164	5668	36427	16693070	12825844
浙　　江	18582	511896	3111	23222	16136783	9989352
安　　徽	6754	154962	2499	15842	6089877	5318576
福　　建	1705	77906	833	6786	2713143	1551575
江　　西	4982	115715	856	5835	4587931	2815373
山　　东	7689	233777	3610	27521	10333276	7141972
河　　南	3167	101272	1634	12209	3316836	3440663
湖　　北	4787	138023	2677	18193	5538286	4367749
湖　　南	2966	77525	1790	13629	3693844	2291993
广　　东	27555	899086	12447	131036	39465051	15326993
广　　西	617	19093	217	1360	768797	1283222
海　　南	61	3003	41	216	175876	186617
重　　庆	1834	66999	925	7567	2770483	5221153
四　　川	1934	85356	1773	11668	2967703	2677062
贵　　州	491	20445	213	2368	758798	667123
云　　南	471	18382	268	1521	735984	864704
西　　藏	3	37	2	5	1181	584
陕　　西	670	33904	656	7909	1419284	1379541
甘　　肃	225	8294	180	1127	231407	380706
青　　海	45	2238	37	305	65550	103649
宁　　夏	197	7706	232	572	331103	283493
新　　疆	155	9523	258	2247	521377	370578

2-5-16 各地区港澳台商投资工业企业办研发机构情况

地 区	机构数（个）	机构人员数（人）	#博士	#硕士	机构经费支出（万元）	仪器和设备原价（万元）
全 国	**6968**	**447707**	**2988**	**34688**	**15461407**	**11963198**
东部地区	6285	404652	2603	31503	14072799	10730767
中部地区	518	33776	292	2472	1090117	815663
西部地区	127	7150	70	461	234429	347247
东北地区	38	2129	23	252	64062	69521
北 京	28	2203	65	556	96083	38680
天 津	34	3197	81	954	91906	67056
河 北	62	13105	42	2160	786562	288534
山 西	10	774	5	25	15926	17155
内蒙古	8	559	6	29	29506	74853
辽 宁	32	1871	22	228	54368	65167
吉 林	4	165	1	13	8942	3621
上 海	89	7213	193	1258	405323	408239
江 苏	1022	68873	642	7509	2873872	2257440
浙 江	994	62109	422	7363	2351932	1194339
安 徽	152	7082	93	848	307975	228101
福 建	241	20986	195	1375	806780	645442
江 西	155	6511	31	227	303840	144656
山 东	283	15989	153	1896	820777	999085
河 南	52	5684	36	342	141924	164349
湖 北	83	4041	69	264	146213	177809
湖 南	66	9684	58	766	174240	83594
广 东	3529	210847	810	8415	5818539	4823821
广 西	31	1536	12	31	38709	56431
海 南	3	130		17	21025	8131
重 庆	32	2012	12	81	71787	66217
四 川	28	1864	23	234	58465	59011
贵 州	4	173	1	13	7418	2839
云 南	12	473	9	43	16565	38894
陕 西	4	238	4	12	7578	44394
宁 夏	4	92	3	5	3182	3252
新 疆	3	184		13	977	1344

2-5-17 各地区外商投资工业企业办研发机构情况

地 区	机构数 (个)	机构人员数 (人)	#博士	#硕士	机构经费支出 (万元)	仪器和设备原价 (万元)
全 国	**6627**	**393865**	**3763**	**44402**	**19252767**	**14264399**
东部地区	5660	325521	3137	36175	16100872	11361566
中部地区	653	40999	360	4087	1678504	1379268
西部地区	247	20372	206	1988	926801	1001705
东北地区	67	6973	60	2152	546591	521860
北 京	66	7931	201	2023	550008	339545
天 津	84	7409	59	866	360356	171825
河 北	94	8805	74	622	524483	337387
山 西	31	5087	6	128	84886	75490
内蒙古	3	239	26	148	21351	20732
辽 宁	47	4449	37	1146	268091	169277
吉 林	10	2291	22	986	271258	307546
黑龙江	10	233	1	20	7242	45037
上 海	180	23327	483	8006	2478643	1237999
江 苏	1571	68847	661	6252	3065504	3608502
浙 江	1176	58834	525	6454	2647984	1342685
安 徽	208	10092	91	1108	435827	328541
福 建	169	14246	73	743	406052	327305
江 西	133	6711	65	501	307845	160373
山 东	462	21794	371	3796	847967	732175
河 南	83	4513	80	806	207590	131972
湖 北	143	11626	74	1006	502869	521138
湖 南	55	2970	44	538	139486	161754
广 东	1854	114142	688	7410	5184762	3259466
广 西	49	8311	106	787	328096	171208
海 南	4	186	2	3	35113	4678
重 庆	62	5727	7	507	354936	180929
四 川	61	3172	38	355	113463	82932
贵 州	8	160	3	29	6984	24205
云 南	10	256	2	13	27135	13481
西 藏						
陕 西	31	1722	8	93	47471	205422
青 海	8	189	4	10	10336	8992
宁 夏	10	370	11	36	13535	26862
新 疆	5	226	1	10	3495	266944

第二部分

工业企业研发活动情况

6

工业企业新产品开发及销售情况

(2021)

2-6-1 分登记注册类型工业企业新产品开发及销售情况

单位：万元

登记注册类型	新产品开发项目数(项)	新产品开发经费支出	新产品销售收入	#出口
合 计	**958709**	**226528583**	**2955666961**	**524170891**
国有及国有控股	**103303**	**48153696**	**614620044**	**50824892**
内资企业	**832694**	**180987608**	**2235244839**	**288608462**
国有企业	7923	2647867	32331060	952988
集体企业	458	89013	886769	113646
股份合作企业	1177	129223	1497993	101227
联营企业	138	50045	583514	23817
国有联营企业	63	17267	401195	6254
集体联营企业	8	1727	7814	
国有与集体联营企业	22	3557	11451	
其他联营企业	45	27493	163055	17563
有限责任公司	170067	60478448	705502653	88275442
国有独资公司	16112	6002744	70156240	3663813
其他有限责任公司	153955	54475704	635346413	84611629
股份有限公司	69399	28486188	371506453	53812761
私营企业	583300	88984677	1120831720	144639625
私营独资企业	4141	703623	8723633	457359
私营合伙企业	669	82200	853261	110528
私营有限责任公司	511917	75267682	935365974	112101322
私营股份有限公司	66573	12931172	175888852	31970417
其他企业	232	122148	2104678	688957
港、澳、台商投资企业	**59539**	**19980053**	**344727307**	**138232927**
合资经营企业	19527	6195756	101423144	33721843
合作经营企业	462	133445	877693	282115
港、澳、台商独资经营企业	32101	9925773	182538466	86517276
港、澳、台商投资股份有限公司	6905	3319277	46421004	11675783
其他港、澳、台投资企业	544	405801	13467000	6035910
外商投资企业	**66476**	**25560922**	**375694815**	**97329503**
中外合资经营企业	25756	11829810	186621600	27149464
中外合作经营企业	623	142365	2354464	307012
外资企业	33946	11036969	154602587	64655217
外商投资股份有限公司	5754	2417876	31010731	5041746
其他外商投资企业	397	133903	1105433	176063

2-6-2 分登记注册类型大型工业企业新产品开发及销售情况

单位：万元

登记注册类型	新产品开发项目数（项）	新产品开发经费支出	新产品销售收入	#出口
合 计	**125384**	**102305264**	**1533426481**	**353458445**
国有及国有控股	**45971**	**35012225**	**472816687**	**42894921**
内资企业	**96015**	**75612091**	**1035442692**	**166542557**
国有企业	4281	1841542	24745919	783766
股份合作企业	16	11041	96595	
联营企业	27	28389	322054	17563
其他联营企业	18	21140	116662	17563
有限责任公司	37117	35668357	416541148	66902821
国有独资公司	7889	4125630	54532713	2942449
其他有限责任公司	29228	31542728	362008435	63960372
股份有限公司	27692	20006863	273377059	40145275
私营企业	26830	18038712	319995552	58593651
私营独资企业	93	87758	1422793	201451
私营有限责任公司	18857	13590134	246861741	40940250
私营股份有限公司	7880	4360821	71711019	17451950
港、澳、台商投资企业	**14659**	**11668701**	**247446076**	**115869708**
合资经营企业	4150	3186425	65570333	27564835
合作经营企业	45	48595	134539	19791
港、澳、台商独资经营企业	6895	5690110	133590467	73232897
港、澳、台商投资股份有限公司	3519	2430994	35637737	9498334
其他港、澳、台投资企业	50	312577	12513000	5553852
外商投资企业	**14710**	**15024472**	**250537713**	**71046180**
中外合资经营企业	5516	7761253	133035460	18319982
中外合作经营企业	116	65344	1400769	208534
外资企业	6736	5664689	93880268	49146935
外商投资股份有限公司	2320	1527264	22018199	3366133
其他外商投资企业	22	5923	203017	4596

2-6-3 分登记注册类型中型工业企业新产品开发及销售情况

单位：万元

登记注册类型	新产品开发项目数(项)	新产品开发经费支出	新产品销售收入	#出口
合　计	**197096**	**51513284**	**689085165**	**101638618**
国有及国有控股	**29483**	**8122876**	**90687909**	**6183710**
内资企业	**157628**	**40488025**	**543804230**	**67731804**
国有企业	1934	500352	5217565	106930
集体企业	67	33004	182110	2589
股份合作企业	190	37160	537363	55972
联营企业	31	9612	80747	
国有联营企业	20	6135	77079	
其他联营企业	11	3477	3668	
有限责任公司	44168	12523725	166825076	14478382
国有独资公司	4637	1168165	10585558	513780
其他有限责任公司	39531	11355560	156239519	13964602
股份有限公司	22127	5788355	72535894	11495827
私营企业	89064	21573335	298156987	41573592
私营独资企业	344	196171	3050697	47009
私营合伙企业	66	20119	345834	75935
私营有限责任公司	69749	17117987	238012366	32021020
私营股份有限公司	18905	4239057	56748090	9429629
其他企业	47	22482	268487	18513
港、澳、台商投资企业	**18799**	**4879864**	**64915824**	**15876903**
合资经营企业	6331	1768553	23907277	4362478
合作经营企业	117	40780	352144	205998
港、澳、台商独资经营企业	10152	2399410	31777192	9324529
港、澳、台商投资股份有限公司	1988	625925	8135540	1536503
其他港、澳、台投资企业	211	45196	743671	447394
外商投资企业	**20669**	**6145396**	**80365112**	**18029910**
中外合资经营企业	7994	2319878	36329195	6196592
中外合作经营企业	234	40154	522241	41452
外资企业	10642	3185179	37736172	10348718
外商投资股份有限公司	1695	517490	5201585	1384308
其他外商投资企业	104	82695	575920	58840

2-6-4　分行业工业企业新产品开发及销售情况

单位：万元

行　　业	新产品开发项目数(项)	新产品开发经费支出	新产品销售收入	#出口
合　计	**958709**	**226528583**	**2955666961**	**524170891**
采矿业	**6468**	**1799199**	**19582827**	**96065**
煤炭开采和洗选业	1985	636073	6664036	29107
石油和天然气开采业	842	273929	3008048	
黑色金属矿采选业	643	278577	3255403	
有色金属矿采选业	735	151869	1871663	4955
非金属矿采选业	1079	192637	3001996	59707
开采及其他辅助性活动	1183	266090	1781682	2296
制造业	**942339**	**222783181**	**2923677950**	**523988409**
农副食品加工业	19658	3870802	49570037	1833259
食品制造业	15869	2497718	29443750	2624866
酒、饮料和精制茶制造业	6296	1193083	14751481	430094
烟草制品业	1571	225464	4402557	119407
纺织业	24747	3839603	49974829	8727512
纺织服装、服饰业	9886	1441273	20835054	4101244
皮革、毛皮、羽毛及其制品和制鞋业	7719	1183530	14278781	2826688
木材加工和木、竹、藤、棕、草制品业	6007	919958	11362945	1412679
家具制造业	10598	1431627	18318027	4966316
造纸和纸制品业	10571	2401638	37989659	2081381
印刷和记录媒介复制业	9297	1269860	16944161	1654183
文教、工美、体育和娱乐用品制造业	15041	1908326	23418916	7952308
石油加工、炼焦和核燃料加工业	3889	2095558	50698588	2399633
化学原料和化学制品制造业	57648	11700571	181931702	16762238
医药制造业	49652	11286100	110451212	20550162
化学纤维制造业	5253	1810908	29742676	2110671
橡胶和塑料制品业	46751	6558822	82415406	14923555
非金属矿物制品业	44270	8101793	102712626	6035569
黑色金属冶炼和压延加工业	15436	13309092	185942574	6583743
有色金属冶炼和压延加工业	17174	6695454	120241798	5429956
金属制品业	55748	8131739	107220869	15073474
通用设备制造业	93674	14055874	164759430	21720613
专用设备制造业	86378	13391215	128698722	17062692
汽车制造业	56202	18776516	309680388	16128483
铁路、船舶、航空航天和其他运输设备制造业	22181	7111180	77435317	13700137
电气机械和器材制造业	103969	23102002	351529967	69944082
计算机、通信和其他电子设备制造业	109234	48592085	576519411	250387160
仪器仪表制造业	29862	4436471	33194083	4270295
其他制造业	4313	717106	6244700	1640399
废弃资源综合利用业	2166	482054	11350767	323395
金属制品、机械和设备修理业	1279	245760	1617518	212216
电力、热力、燃气及水生产和供应业	**9902**	**1946204**	**12406184**	**86418**
电力、热力生产和供应业	7775	1557218	4239221	86241
燃气生产和供应业	1004	235274	7063828	
水的生产和供应业	1123	153712	1103135	177

2-6-5 分行业大型工业企业新产品开发及销售情况

单位：万元

行业	新产品开发项目数（项）	新产品开发经费支出	新产品销售收入	#出口
合 计	**125384**	**102305264**	**1533426481**	**353458445**
采矿业	**3894**	**1135136**	**11210761**	**40726**
煤炭开采和洗选业	1490	492294	6237223	29107
石油和天然气开采业	709	212518	1471895	
黑色金属矿采选业	297	119554	859108	
有色金属矿采选业	265	48840	700836	
非金属矿采选业	101	18814	289375	10592
开采及其他辅助性活动	1032	243116	1652325	1027
制造业	**117659**	**100516218**	**1516806668**	**353417719**
农副食品加工业	1193	423600	7958574	201836
食品制造业	1834	700877	10914998	721369
酒、饮料和精制茶制造业	1021	401904	6971405	131370
烟草制品业	1129	183615	4107479	94499
纺织业	1803	700045	10606061	2762597
纺织服装、服饰业	1099	328306	7618561	1499152
皮革、毛皮、羽毛及其制品和制鞋业	731	260004	3869893	926549
木材加工和木、竹、藤、棕、草制品业	234	47619	1033230	495237
家具制造业	1187	466419	7864374	1671515
造纸和纸制品业	1063	868890	17136056	772506
印刷和记录媒介复制业	420	137920	2861029	624946
文教、工美、体育和娱乐用品制造业	1141	361382	5431342	2410623
石油加工、炼焦和核燃料加工业	1789	1396620	37836483	2303701
化学原料和化学制品制造业	3784	2508998	49311062	4707264
医药制造业	9818	5128914	61140458	14264314
化学纤维制造业	1463	969289	18304740	1377309
橡胶和塑料制品业	2947	1501270	22710838	6515912
非金属矿物制品业	2550	1383899	22476331	2032379
黑色金属冶炼和压延加工业	8640	10865349	153159339	5194156
有色金属冶炼和压延加工业	3143	2576359	47335695	2590700
金属制品业	3751	1370570	20121764	4900372
通用设备制造业	8151	4070236	58708261	8818600
专用设备制造业	7258	3695480	41924718	6401538
汽车制造业	9642	11662366	227193244	8658355
铁路、船舶、航空航天和其他运输设备制造业	5923	4499591	50505476	7692601
电气机械和器材制造业	13247	10080418	187731792	46541018
计算机、通信和其他电子设备制造业	19395	32492469	419099527	217330233
仪器仪表制造业	2235	973246	7430988	884010
其他制造业	593	297303	2244867	714102
废弃资源综合利用业	39	31144	2234899	
金属制品、机械和设备修理业	436	132116	963188	178958
电力、热力、燃气及水生产和供应业	**3831**	**653910**	**5409052**	
电力、热力生产和供应业	3606	573613	394112	
燃气生产和供应业	75	55750	4609890	
水的生产和供应业	150	24548	405051	

2-6-6　分行业中型工业企业新产品开发及销售情况

单位：万元

行　　业	新产品开发项目数（项）	新产品开发经费支出	新产品销售收入	
				#出口
合　计	**197096**	**51513284**	**689085165**	**101638618**
采矿业	**1008**	**315900**	**3506456**	**31975**
煤炭开采和洗选业	381	110344	308954	
石油和天然气开采业	19	5027		
黑色金属矿采选业	178	93465	1649835	
有色金属矿采选业	223	60968	819723	
非金属矿采选业	126	31280	610345	30706
开采及其他辅助性活动	81	14816	117599	1269
制造业	**194353**	**50674792**	**683428621**	**101540519**
农副食品加工业	3453	936731	12586430	554220
食品制造业	3511	657286	8060956	891132
酒、饮料和精制茶制造业	1233	281128	3487528	105223
烟草制品业	196	23323	217403	19649
纺织业	5084	1247563	18777619	3231069
纺织服装、服饰业	2610	503677	7144049	1371659
皮革、毛皮、羽毛及其制品和制鞋业	1717	343058	2960763	775131
木材加工和木、竹、藤、棕、草制品业	829	218457	3254914	373065
家具制造业	2203	375526	5247063	2159216
造纸和纸制品业	2229	665370	10827585	821200
印刷和记录媒介复制业	1830	390375	6283317	616267
文教、工美、体育和娱乐用品制造业	3306	556290	7753082	2800855
石油加工、炼焦和核燃料加工业	584	415985	8965574	18045
化学原料和化学制品制造业	11205	3576335	64040152	7775504
医药制造业	15984	3493862	29848052	4329065
化学纤维制造业	1066	382444	6476973	508177
橡胶和塑料制品业	7249	1539501	21607140	4273880
非金属矿物制品业	8078	2236492	31656975	2162950
黑色金属冶炼和压延加工业	1733	1444841	18721198	832793
有色金属冶炼和压延加工业	3600	1726666	34993238	1581305
金属制品业	9417	2318443	39214241	5357026
通用设备制造业	16366	3503888	45795464	6592767
专用设备制造业	15520	3568281	36975078	5493303
汽车制造业	15264	3670067	47294877	4756423
铁路、船舶、航空航天和其他运输设备制造业	5143	1333174	15160635	3577337
电气机械和器材制造业	21439	5680357	86103517	15014010
计算机、通信和其他电子设备制造业	25845	7962005	94341497	22911994
仪器仪表制造业	6254	1319453	11513933	1841401
其他制造业	807	149283	1674170	522105
废弃资源综合利用业	382	105081	2170234	253092
金属制品、机械和设备修理业	216	49851	274966	20656
电力、热力、燃气及水生产和供应业	**1735**	**522593**	**2150088**	**66124**
电力、热力生产和供应业	1325	422747	930987	65967
燃气生产和供应业	214	52654	1022384	
水的生产和供应业	196	47192	196717	157

2-6-7 分行业国有及国有控股工业企业新产品开发及销售情况

单位：万元

行业	新产品开发项目数(项)	新产品开发经费支出	新产品销售收入	#出口
合 计	**103303**	**48153696**	**614620044**	**50824892**
采矿业	**4445**	**1227729**	**13677875**	**40787**
煤炭开采和洗选业	1604	499095	6383714	29107
石油和天然气开采业	753	225550	2386609	
黑色金属矿采选业	331	122649	1167727	
有色金属矿采选业	477	91966	1494223	
非金属矿采选业	222	39377	593277	10653
开采及其他辅助性活动	1058	249092	1652325	1027
制造业	**91406**	**45415900**	**596946693**	**50717767**
农副食品加工业	677	133087	1365439	65886
食品制造业	849	184916	2766942	205643
酒、饮料和精制茶制造业	919	283052	6031664	130871
烟草制品业	1355	205839	4131365	7609
纺织业	433	103788	1653765	282226
纺织服装、服饰业	289	22566	388556	75717
皮革、毛皮、羽毛及其制品和制鞋业	75	12368	83286	11449
木材加工和木、竹、藤、棕、草制品业	102	35105	412994	8612
家具制造业	25	51453	524808	10552
造纸和纸制品业	480	170006	1665208	135215
印刷和记录媒介复制业	519	76711	1319072	18244
文教、工美、体育和娱乐用品制造业	228	33870	300304	25067
石油加工、炼焦和核燃料加工业	1546	719173	15902290	1115775
化学原料和化学制品制造业	5339	2145757	32209128	3165360
医药制造业	5032	1381876	21289451	4273515
化学纤维制造业	542	212674	2429399	443799
橡胶和塑料制品业	1401	337777	3972837	1099167
非金属矿物制品业	4388	1181341	14493627	520193
黑色金属冶炼和压延加工业	6272	5918137	73094886	4200134
有色金属冶炼和压延加工业	3753	1935848	33961876	1022349
金属制品业	3506	866017	10145556	1273015
通用设备制造业	8225	2391607	32182167	2070468
专用设备制造业	7781	2083759	25150275	2418434
汽车制造业	8015	8498982	152552843	3602546
铁路、船舶、航空航天和其他运输设备制造业	7491	4632361	46276997	4444578
电气机械和器材制造业	6553	2020969	30138837	2058219
计算机、通信和其他电子设备制造业	10688	8704326	74771030	17367500
仪器仪表制造业	3310	578547	3580837	198391
其他制造业	767	315301	1891404	285499
废弃资源综合利用业	237	51456	1130317	
金属制品、机械和设备修理业	609	127235	1129535	181735
电力、热力、燃气及水生产和供应业	**7452**	**1510068**	**3995477**	**66338**
电力、热力生产和供应业	6499	1334382	1897062	66181
燃气生产和供应业	332	77072	1387741	
水的生产和供应业	621	98613	710674	157

2-6-8 分行业内资工业企业新产品开发及销售情况

单位：万元

行　　业	新产品开发项目数（项）	新产品开发经费支出	新产品销售收入	#出口
合　计	**832694**	**180987608**	**2235244839**	**288608462**
采矿业	**6199**	**1696349**	**18417718**	**85103**
煤炭开采和洗选业	1927	614253	6649413	29107
石油和天然气开采业	778	234211	2386609	
黑色金属矿采选业	625	269021	3119339	
有色金属矿采选业	695	135612	1708982	4955
非金属矿采选业	1009	183449	2850384	48745
开采及其他辅助性活动	1164	259780	1702993	2296
制造业	**817688**	**177570572**	**2210688131**	**288437292**
农副食品加工业	17835	3394871	43099718	1513123
食品制造业	13090	1931108	22699449	2188209
酒、饮料和精制茶制造业	5383	1023111	13451654	342941
烟草制品业	1559	223885	4356951	119407
纺织业	21302	3153768	40485955	5828365
纺织服装、服饰业	8200	1107001	14675346	2445367
皮革、毛皮、羽毛及其制品和制鞋业	6565	888537	10829204	1989226
木材加工和木、竹、藤、棕、草制品业	5675	869756	10549347	1096447
家具制造业	9397	1205444	14816364	3596961
造纸和纸制品业	8781	1596041	24312427	932766
印刷和记录媒介复制业	8253	1073734	14274250	949335
文教、工美、体育和娱乐用品制造业	12436	1503102	18009509	4881558
石油加工、炼焦和核燃料加工业	3579	1925550	48197853	2370592
化学原料和化学制品制造业	50246	9891950	156184161	13484416
医药制造业	41885	8304013	80991426	11736825
化学纤维制造业	4239	1429579	23319668	1619541
橡胶和塑料制品业	40528	5341583	67224311	10936912
非金属矿物制品业	41120	7297259	90342387	4728250
黑色金属冶炼和压延加工业	14479	12155141	177341293	6183143
有色金属冶炼和压延加工业	15912	6058068	108975467	4516528
金属制品业	49890	7086022	93514414	9923126
通用设备制造业	82008	11218603	126612954	13925964
专用设备制造业	76419	10827820	104220555	11816386
汽车制造业	43681	10370105	160416187	9336666
铁路、船舶、航空航天和其他运输设备制造业	20245	6448616	67425433	9213840
电气机械和器材制造业	91270	19026693	285905283	47567450
计算机、通信和其他电子设备制造业	90368	37223959	343644008	100691939
仪器仪表制造业	26625	3710621	27246570	2811284
其他制造业	3751	650551	5500793	1336720
废弃资源综合利用业	1965	445748	10658187	157820
金属制品、机械和设备修理业	1002	188330	1407007	196187
电力、热力、燃气及水生产和供应业	**8807**	**1720688**	**6138990**	**86067**
电力、热力生产和供应业	7153	1438901	3325156	85890
燃气生产和供应业	602	141321	1726691	
水的生产和供应业	1052	140466	1087143	177

2-6-9 分行业港澳台商投资工业企业新产品开发及销售情况

单位：万元

行　业	新产品开发项目数(项)	新产品开发经费支出	新产品销售收入	#出口
合　计	**59539**	**19980053**	**344727307**	**138232927**
采矿业	**176**	**52945**	**160290**	**138**
煤炭开采和洗选业	49	12592	14623	
石油和天然气开采业	44	20088		
黑色金属矿采选业	9	7871	28912	
有色金属矿采选业	22	3392	16800	
非金属矿采选业	42	4754	21358	138
开采及其他辅助性活动	10	4248	78597	
制造业	**58898**	**19831555**	**339994523**	**138232525**
农副食品加工业	714	166047	2307398	49101
食品制造业	1129	231739	1833524	346007
酒、饮料和精制茶制造业	368	81108	532151	22673
纺织业	2332	479297	6839334	1922660
纺织服装、服饰业	1049	232738	4923549	1263656
皮革、毛皮、羽毛及其制品和制鞋业	726	177871	2372060	547909
木材加工和木、竹、藤、棕、草制品业	164	30881	496070	265048
家具制造业	746	132074	1835845	562600
造纸和纸制品业	1085	476927	7985238	556950
印刷和记录媒介复制业	749	137026	1910562	512161
文教、工美、体育和娱乐用品制造业	1710	263016	3682708	1960772
石油加工、炼焦和核燃料加工业	210	127565	1941961	8931
化学原料和化学制品制造业	3639	760892	11405180	1307051
医药制造业	3706	1581803	21511685	6348872
化学纤维制造业	660	256074	4307026	264139
橡胶和塑料制品业	3692	726218	10192016	2553516
非金属矿物制品业	1569	438488	7447384	800740
黑色金属冶炼和压延加工业	449	501110	4041285	276709
有色金属冶炼和压延加工业	682	269539	4746029	386032
金属制品业	3116	591269	8361749	3363042
通用设备制造业	3909	853916	12820132	3402936
专用设备制造业	4163	1035654	9729476	2428074
汽车制造业	3019	1684225	29840238	1791479
铁路、船舶、航空航天和其他运输设备制造业	703	203479	3205867	1550014
电气机械和器材制造业	6842	2187407	35232384	13171114
计算机、通信和其他电子设备制造业	9762	5781793	136594814	91474952
仪器仪表制造业	1356	338221	2544914	733723
其他制造业	370	39923	556068	181686
废弃资源综合利用业	128	27328	580636	165575
金属制品、机械和设备修理业	150	17776	173427	14407
电力、热力、燃气及水生产和供应业	**465**	**95553**	**4572495**	**263**
电力、热力生产和供应业	307	63802	524150	263
燃气生产和供应业	118	25287	4033791	
水的生产和供应业	40	6464	14554	

2-6-10 分行业外商投资工业企业新产品开发及销售情况

单位：万元

行　业	新产品开发项目数(项)	新产品开发经费支出	新产品销售收入	#出口
合　计	**66476**	**25560922**	**375694815**	**97329503**
采矿业	**93**	**49905**	**1004820**	**10823**
煤炭开采和洗选业	9	9228		
石油和天然气开采业	20	19630	621439	
黑色金属矿采选业	9	1686	107152	
有色金属矿采选业	18	12866	145882	
非金属矿采选业	28	4433	130254	10823
开采及其他辅助性活动	9	2062	92	
制造业	**65753**	**25381055**	**372995296**	**97318592**
农副食品加工业	1109	309884	4162921	271035
食品制造业	1650	334871	4910777	90650
酒、饮料和精制茶制造业	545	88864	767677	64480
纺织业	1113	206538	2649540	976488
纺织服装、服饰业	637	101534	1236159	392222
皮革、毛皮、羽毛及其制品和制鞋业	428	117123	1077518	289554
木材加工和木、竹、藤、棕、草制品业	168	19321	317529	51185
家具制造业	455	94109	1665818	806756
造纸和纸制品业	705	328670	5691994	591665
印刷和记录媒介复制业	295	59100	759349	192686
文教、工美、体育和娱乐用品制造业	895	142208	1726699	1109977
石油加工、炼焦和核燃料加工业	100	42443	558774	20110
化学原料和化学制品制造业	3763	1047729	14342361	1970771
医药制造业	4061	1400284	7948101	2464465
化学纤维制造业	354	125255	2115983	226992
橡胶和塑料制品业	2531	491021	4999080	1433127
非金属矿物制品业	1581	366046	4922854	506579
黑色金属冶炼和压延加工业	508	652841	4559996	123891
有色金属冶炼和压延加工业	580	367848	6520302	527396
金属制品业	2742	454448	5344706	1787306
通用设备制造业	7757	1983355	25326344	4391714
专用设备制造业	5796	1527741	14748691	2818233
汽车制造业	9502	6722186	119423963	5000338
铁路、船舶、航空航天和其他运输设备制造业	1233	459085	6804017	2936283
电气机械和器材制造业	5857	1887903	30392301	9205517
计算机、通信和其他电子设备制造业	9104	5586333	96280589	58220269
仪器仪表制造业	1881	387630	3402600	725288
其他制造业	192	26632	187839	121993
废弃资源综合利用业	73	8978	111944	
金属制品、机械和设备修理业	127	39654	37085	1622
电力、热力、燃气及水生产和供应业	**630**	**129963**	**1694699**	**88**
电力、热力生产和供应业	315	54515	389915	88
燃气生产和供应业	284	68667	1303346	
水的生产和供应业	31	6782	1438	

2-6-11 各地区工业企业新产品开发及销售情况

单位：万元

地　　区	新产品开发项目数(项)	新产品开发经费支出	新产品销售收入	
				#出口
全　　国	**958709**	**226528583**	**2955666961**	**524170891**
东部地区	681401	156083830	1981145237	415156097
中部地区	161922	41528840	623079742	73972569
西部地区	88879	22304451	259259388	28314675
东北地区	26507	6611463	92182594	6727551
北　　京	15199	6066577	82529591	20891453
天　　津	16501	2880824	48140869	7661020
河　　北	26766	7209207	96682633	6903336
山　　西	7501	1871006	29406029	2285514
内 蒙 古	3645	1492892	16554915	1020564
辽　　宁	16131	3824926	50108739	5694607
吉　　林	4369	1677694	29551441	787018
黑 龙 江	6007	1108843	12522414	245927
上　　海	24859	10765301	105748814	13650361
江　　苏	116152	33574354	426223729	96307299
浙　　江	164007	23250693	368901158	74408550
安　　徽	36917	9088347	151017266	21235478
福　　建	31534	8210449	78221353	18766473
江　　西	29613	5884402	95750449	10197966
山　　东	83641	17475012	275403023	33527048
河　　南	26256	5943870	88258121	25719313
湖　　北	24783	9324551	136955566	7457735
湖　　南	36852	9416664	121692312	7076561
广　　东	201009	46369762	496849026	142962987
广　　西	10139	2173118	30334971	2095620
海　　南	1733	281651	2445040	77571
重　　庆	19752	4904174	69951788	14289567
四　　川	26218	5720504	61387535	5674694
贵　　州	5381	1054368	10207676	485708
云　　南	5801	1374209	12055832	194551
西　　藏	78	20691	54323	
陕　　西	11553	3524257	38113676	3608914
甘　　肃	2039	540833	7662666	384461
青　　海	387	168851	1714617	3012
宁　　夏	2076	558709	5400468	212501
新　　疆	1810	771845	5820921	345084

2-6-12 各地区大型工业企业新产品开发及销售情况

单位：万元

地 区	新产品开发项目数(项)	新产品开发经费支出	新产品销售收入	
				#出口
全 国	**125384**	**102305264**	**1533426481**	**353458445**
东部地区	77414	71625335	1033624778	268706956
中部地区	23044	16330416	280546285	59195699
西部地区	19639	10577637	158559650	22028957
东北地区	5287	3771876	60695768	3526833
北 京	2458	3028459	58795497	18281612
天 津	2364	1094344	26408261	5495027
河 北	4626	4480408	62741764	4100647
山 西	2294	1147685	21632344	1891468
内 蒙 古	1391	854317	12573503	787060
辽 宁	2883	1858964	26421152	2725626
吉 林	807	1236641	24393972	636873
黑 龙 江	1597	676271	9880645	164334
上 海	4005	6148794	60881709	7354418
江 苏	13997	12863016	197754220	64149615
浙 江	12484	6813252	141857009	31163351
安 徽	4686	3669182	69040923	15852154
福 建	4724	3343233	44923657	13309333
江 西	3013	2077205	40249365	7412953
山 东	12915	7874199	140855160	20493527
河 南	5383	2651994	56223115	24127501
湖 北	3990	3808476	47540810	4936337
湖 南	3678	2975875	45859728	4975287
广 东	19478	25885355	297914794	104300539
广 西	1469	1191625	20740497	1102809
海 南	363	94277	1492706	58887
重 庆	3911	2015985	38436516	11932413
四 川	6158	2532289	38187517	4141487
贵 州	1168	438243	5075755	276798
云 南	1528	534189	4610686	39821
西 藏	3	8484		
陕 西	2195	1920581	25082930	3058103
甘 肃	664	302832	5669614	333450
青 海	73	69745	577943	
宁 夏	339	170270	2929606	19526
新 疆	740	539076	4675083	337492

2-6-13 各地区中型工业企业新产品开发及销售情况

单位：万元

地区	新产品开发项目数(项)	新产品开发经费支出	新产品销售收入	#出口
全国	**197096**	**51513284**	**689085165**	**101638618**
东部地区	136939	35385360	483326566	87401202
中部地区	31908	9233970	136117647	8491821
西部地区	22635	5682299	55077624	4176449
东北地区	5614	1211656	14563328	1569145
北京	4107	1533236	13028600	1861974
天津	3808	826086	12039906	1466382
河北	5390	1185018	17274472	1766816
山西	1717	360866	4699568	249383
内蒙古	944	366130	2589894	221631
辽宁	3332	806208	10595246	1446528
吉林	1192	219019	2879403	69223
黑龙江	1090	186429	1088679	53395
上海	5540	2093061	23736749	4150550
江苏	23897	8516899	116885194	20391815
浙江	31265	6559933	114001342	24196976
安徽	6931	1953906	31571393	2846972
福建	8648	2207197	17550112	3276993
江西	5043	1272717	21682879	1752696
山东	15696	3853627	71338027	7847940
河南	5929	1559316	16916615	1097021
湖北	5167	2007009	31732655	1362651
湖南	7121	2080155	29514537	1183099
广东	38000	8511720	97172622	22423724
广西	2278	412290	4812778	568531
海南	588	98582	299543	18032
重庆	5918	1472886	17052680	1477861
四川	6503	1489574	12962964	1100442
贵州	1220	292051	3148263	168894
云南	1382	356085	3878794	61344
西藏	21	5168	21769	
陕西	2933	806719	6761768	373252
甘肃	461	115311	920724	30570
青海	60	58391	779517	2505
宁夏	620	193188	1667857	167095
新疆	295	114508	480618	4323

2-6-14 各地区国有及国有控股工业企业新产品开发及销售情况

单位：万元

地区	新产品开发项目数(项)	新产品开发经费支出	新产品销售收入	#出口
全　国	**103303**	**48153696**	**614620044**	**50824892**
东部地区	46626	24283244	311851801	31125813
中部地区	23704	10992607	142079352	10091138
西部地区	26230	9684257	109359139	6799217
东北地区	6743	3193588	51329753	2808725
北　京	4926	2633178	24830798	4563535
天　津	3136	741858	14725324	306196
河　北	3583	1642796	24910359	1333456
山　西	2940	944066	14675113	1135533
内蒙古	1469	820125	6097140	651192
辽　宁	3923	1499136	24706236	2338499
吉　林	907	1065827	19201020	322769
黑龙江	1913	628625	7422497	147458
上　海	4694	4969175	53726458	2446934
江　苏	8244	3361832	46844558	5616834
浙　江	3377	967833	14132797	980621
安　徽	4071	1824970	33948561	3628268
福　建	2071	1038418	9578418	1628612
江　西	2544	1238914	18128754	1316215
山　东	9370	3601967	60882609	5383829
河　南	4576	1474432	15272338	864664
湖　北	4923	3210624	29235859	2239210
湖　南	4650	2299602	30818727	907249
广　东	6911	5282292	62141498	8865796
广　西	1938	911420	12315191	587278
海　南	314	43895	78982	
重　庆	4886	1586405	24708949	2376364
四　川	6247	2352709	29173076	2159714
贵　州	1976	581178	5305887	353014
云　南	2464	672775	5303264	73661
西　藏	10	1363	21819	
陕　西	4592	1944734	16940933	485518
甘　肃	1147	340704	5696836	70965
青　海	136	76465	545075	141
宁　夏	604	107081	1963559	40018
新　疆	761	289299	1287409	1352

2-6-15 各地区内资工业企业新产品开发及销售情况

单位：万元

地区	新产品开发项目数（项）	新产品开发经费支出	新产品销售收入	
				#出口
全国	**832694**	**180987608**	**2235244839**	**288608462**
东部地区	575273	118074551	1401445976	227345014
中部地区	150804	37532006	533193785	39250608
西部地区	83090	20115386	224584786	16786205
东北地区	23527	5265665	76020292	5226635
北京	12451	4199545	36796848	5967917
天津	13900	2226861	31359074	2162206
河北	24362	5662507	77844015	6094058
山西	7236	1794005	28023189	2232498
内蒙古	3382	1421377	14273359	888795
辽宁	13968	2965490	40493951	4217022
吉林	3818	1222129	23133840	773577
黑龙江	5741	1078046	12392502	236036
上海	17429	6276054	49192769	6867078
江苏	93536	24545213	289938610	36848504
浙江	145471	18400429	285833213	53872868
安徽	33543	7932038	127220340	13403641
福建	24979	5942774	54131694	9337776
江西	27576	5298852	85338212	7744507
山东	75707	15021182	239480961	26473099
河南	24849	5521058	65917436	7511943
湖北	22665	8295353	117144289	4671603
湖南	34935	8690700	109550319	3686415
广东	165938	35581359	335604770	79704901
广西	9078	1579986	21477097	1305571
海南	1500	218628	1264022	16608
重庆	18189	4217936	55993323	6094539
四川	24440	5385499	56592656	3360471
贵州	5288	1038583	10048844	484775
云南	5520	1309110	11269983	183998
西藏	75	11278	35567	
陕西	11017	3192185	35199016	3547471
甘肃	2020	531554	7633510	380147
青海	381	164039	1578157	2699
宁夏	1960	532217	5264036	195410
新疆	1740	731622	5219237	342331

2-6-16　各地区港澳台商投资工业企业新产品开发及销售情况

单位：万元

地　区	新产品开发项目数(项)	新产品开发经费支出	新产品销售收入	#出口
全　国	**59539**	**19980053**	**344727307**	**138232927**
东部地区	51900	17698663	288757113	107379256
中部地区	4972	1570190	48425036	28645120
西部地区	1831	504931	5671798	1972212
东北地区	836	206268	1873360	236338
北　京	774	966539	36327556	13938830
天　津	917	175005	2494401	788739
河　北	942	882438	14709886	510298
山　西	51	6373	162568	356
内蒙古	100	25701	468501	111531
辽　宁	677	168524	1477712	221868
吉　林	52	14371	363294	5129
黑龙江	107	23374	32355	9341
上　海	2377	981617	10391422	2908103
江　苏	8650	4007331	66860093	31740856
浙　江	8401	2493058	35114993	7984547
安　徽	1831	449494	13648782	5463199
福　建	3959	1308404	17387208	7214938
江　西	922	304428	6080344	2006619
山　东	2844	1001684	15753404	2556018
河　南	554	162692	19365178	18012146
湖　北	611	289064	3463067	88125
湖　南	1003	358140	5705097	3074675
广　东	22921	5848528	89364112	39731113
广　西	250	41323	665151	314880
海　南	115	34062	354038	5815
重　庆	433	232630	2315915	631758
四　川	683	122080	1699651	903784
贵　州	58	8096	125096	765
云　南	137	35919	250019	8591
陕　西	111	21736	110830	29
甘　肃	5	1846	30	
青　海			973	313
宁　夏	22	9111	25596	
新　疆	32	6488	10035	562

2-6-17 各地区外商投资工业企业新产品开发及销售情况

单位：万元

地区	新产品开发项目数(项)	新产品开发经费支出	新产品销售收入	#出口
全国	**66476**	**25560922**	**375694815**	**97329503**
东部地区	54228	20310615	290942148	80431827
中部地区	6146	2426644	41460921	6076841
西部地区	3958	1684133	29002805	9556257
东北地区	2144	1139530	14288942	1264577
北京	1974	900493	9405187	984706
天津	1684	478958	14287394	4710076
河北	1462	664262	4128732	298980
山西	214	70628	1220271	52660
内蒙古	163	45814	1813054	20238
辽宁	1486	690913	8137076	1255716
吉林	499	441194	6054308	8312
黑龙江	159	7423	97558	550
上海	5053	3507631	46164623	3875180
江苏	13966	5021810	69425026	27717939
浙江	10135	2357207	47952952	12551135
安徽	1543	706815	10148144	2368638
福建	2596	959271	6702451	2213759
江西	1115	281122	4331893	446840
山东	5090	1452146	20168659	4497931
河南	853	260120	2975507	195225
湖北	1507	740135	16348210	2698007
湖南	914	367825	6436896	315471
广东	12150	4939876	71880143	23526974
广西	811	551809	8192723	475169
海南	118	28962	826981	55148
重庆	1130	453609	11642550	7563269
四川	1095	212925	3095227	1410440
贵州	35	7690	33736	169
云南	144	29180	535831	1962
西藏	3	9413	18756	
陕西	425	310335	2803830	61414
甘肃	14	7433	29125	4314
青海	6	4812	135487	
宁夏	94	17381	110836	17091
新疆	38	33735	591649	2192

第二部分

工业企业研发活动情况

工业企业自主知识产权及相关情况

(2021)

2-7-1 分登记注册类型工业企业自主知识产权及相关情况

行　业	专　利 申请数 (件)	#发明 专利	有　效 发　明 专利数 (件)	拥　有 注　册 商标数 (件)	形成国家 或行业 标准数 (项)
合　计	**1403611**	**494589**	**1691909**	**1166458**	**34906**
国有及国有控股	**237936**	**128247**	**389604**	**161770**	**8454**
内资企业	**1224747**	**429773**	**1450729**	**977602**	**30418**
国有企业	23386	12685	29564	12966	875
集体企业	1163	293	901	130	20
股份合作企业	790	166	877	1008	26
联营企业	3047	2687	3283	94	3
国有联营企业	2971	2661	3201	16	1
集体联营企业	6	2	14	30	
国有与集体联营企业	42	14	62	46	1
其他联营企业	28	10	6	2	1
有限责任公司	317391	149931	484602	193248	8142
国有独资公司	45563	28097	64572	14478	1558
其他有限责任公司	271828	121834	420030	178770	6584
股份有限公司	156968	76233	268900	221344	6734
私营企业	721300	187502	661711	548681	14573
私营独资企业	3254	746	2437	2020	78
私营合伙企业	541	103	299	382	2
私营有限责任公司	613303	150607	535575	411023	10353
私营股份有限公司	104202	36046	123400	135256	4140
其他企业	702	276	891	131	45
港、澳、台商投资企业	**83644**	**29775**	**111913**	**99556**	**2672**
合资经营企业	28532	10013	34907	27724	751
合作经营企业	463	75	532	282	14
港、澳、台商独资经营企业	37853	12419	56316	41001	1023
港、澳、台商投资股份有限公司	15730	6801	19218	29599	854
其他港、澳、台投资企业	1066	467	940	950	30
外商投资企业	**95220**	**35041**	**129267**	**89300**	**1816**
中外合资经营企业	38355	15453	49130	32705	723
中外合作经营企业	802	184	849	677	16
外资企业	39388	13164	59305	24772	552
外商投资股份有限公司	15639	5881	19491	30666	505
其他外商投资企业	1036	359	492	480	20

2-7-2 分登记注册类型大型工业企业自主知识产权及相关情况

行业	专利申请数（件）	#发明专利	有效发明专利数（件）	拥有注册商标数（件）	形成国家或行业标准数（项）
合计	**441341**	**237721**	**725160**	**421613**	**11837**
国有及国有控股	**157208**	**94801**	**286185**	**120550**	**4898**
内资企业	**365067**	**202723**	**610297**	**330300**	**9883**
国有企业	17411	9548	23531	11456	679
集体企业	591	150	418		14
股份合作企业	65	1	75	499	
联营企业	2908	2656	3138		
其他联营企业	17	7	2		
有限责任公司	149194	94819	297720	93554	3287
国有独资公司	32878	22830	48807	10573	1019
其他有限责任公司	116316	71989	248913	82981	2268
股份有限公司	101006	54274	184976	128931	3431
私营企业	93892	41275	100439	95860	2472
私营独资企业	224	33	79	1	60
私营有限责任公司	58796	26752	59437	51109	1133
私营股份有限公司	34872	14490	40923	44750	1279
港、澳、台商投资企业	**37088**	**16813**	**57273**	**46036**	**1293**
合资经营企业	11771	4896	15669	11254	254
合作经营企业	90	20	55	35	
港、澳、台商独资经营企业	13790	6795	30337	16237	451
港、澳、台商投资股份有限公司	10947	4817	10941	18098	584
其他港、澳、台投资企业	490	285	271	412	4
外商投资企业	**39186**	**18185**	**57590**	**45277**	**661**
中外合资经营企业	15216	7665	17656	14642	232
中外合作经营企业	262	48	123	438	8
外资企业	13816	6972	28078	10182	197
外商投资股份有限公司	9694	3472	11694	19734	216
其他外商投资企业	198	28	39	281	8

2-7-3 分登记注册类型中型工业企业自主知识产权及相关情况

行　业	专　利申请数(件)	#发明专利	有　效发　明专利数(件)	拥　有注　册商标数(件)	形成国家或行业标准数(项)
合　计	**265938**	**88646**	**294054**	**284662**	**10119**
国有及国有控股	**43201**	**18865**	**55606**	**26889**	**2212**
内资企业	**220520**	**73369**	**236030**	**230598**	**8578**
国有企业	2670	1210	2816	900	125
集体企业	132	9	32	36	
股份合作企业	48	18	105	319	7
联营企业	10	1	51	11	
国有联营企业	8	1	35	11	
有限责任公司	62792	24211	74250	40401	2414
国有独资公司	7090	3159	9372	2229	345
其他有限责任公司	55702	21052	64878	38172	2069
股份有限公司	33673	13785	47884	60821	2288
私营企业	121100	34110	110644	128107	3744
私营独资企业	411	152	445	776	5
私营合伙企业	63	10	26	66	
私营有限责任公司	92831	24308	78456	85161	2439
私营股份有限公司	27795	9640	31717	42104	1300
其他企业	95	25	248	3	
港、澳、台商投资企业	**21613**	**6690**	**25809**	**29340**	**909**
合资经营企业	7547	2535	8560	8417	304
合作经营企业	74	5	157	87	12
港、澳、台商独资经营企业	10643	2710	11730	12550	399
港、澳、台商投资股份有限公司	3097	1373	5108	8220	186
其他港、澳、台投资企业	252	67	254	66	8
外商投资企业	**23805**	**8587**	**32215**	**24724**	**632**
中外合资经营企业	9970	3942	14480	9835	244
中外合作经营企业	262	81	358	156	4
外资企业	10306	2991	13680	7582	211
外商投资股份有限公司	2723	1326	3530	7097	173
其他外商投资企业	544	247	167	54	

2-7-4 分行业工业企业自主知识产权及相关情况

行业	专利申请数（件）	#发明专利	有效发明专利数（件）	拥有注册商标数（件）	形成国家或行业标准数（项）
合计	**1403611**	**494589**	**1691909**	**1166458**	**34906**
采矿业	**15413**	**6640**	**16064**	**1435**	**315**
煤炭开采和洗选业	5616	1545	3240	559	82
石油和天然气开采业	3890	2695	5271	4	142
黑色金属矿采选业	1358	579	2212	81	28
有色金属矿采选业	1446	389	1106	250	19
非金属矿采选业	1409	297	1013	441	27
开采及其他辅助性活动	1686	1130	3218	100	17
其他采矿业	8	5	4		
制造业	**1343548**	**462070**	**1625986**	**1162973**	**33978**
农副食品加工业	16987	4209	16668	33350	494
食品制造业	14326	4582	18262	78357	459
酒、饮料和精制茶制造业	5959	1366	5250	55208	276
烟草制品业	7659	2556	6343	20856	43
纺织业	20382	4427	17434	18318	716
纺织服装、服饰业	8271	1564	5960	22648	311
皮革、毛皮、羽毛及其制品和制鞋业	7253	1023	3518	11419	227
木材加工和木、竹、藤、棕、草制品业	5552	1223	4543	6038	339
家具制造业	16098	1995	7556	16708	184
造纸和纸制品业	10632	2327	9329	10727	185
印刷和记录媒介复制业	11117	2029	9996	4553	270
文教、工美、体育和娱乐用品制造业	19811	2978	13073	24939	362
石油加工、炼焦和核燃料加工业	4400	1593	6617	3446	152
化学原料和化学制品制造业	58355	22550	86796	127557	2924
医药制造业	31497	15391	64511	131992	2696
化学纤维制造业	4396	1244	5417	3438	250
橡胶和塑料制品业	50532	11316	44609	31925	1457
非金属矿物制品业	55011	14077	50879	28928	1450
黑色金属冶炼和压延加工业	21528	8451	23471	3288	521
有色金属冶炼和压延加工业	20889	6529	23818	8792	1135
金属制品业	65860	14286	59520	31792	1616
通用设备制造业	124056	32858	128191	57104	3327
专用设备制造业	130523	39820	140623	74863	2921
汽车制造业	86386	26988	80855	55192	1291
铁路、船舶、航空航天和其他运输设备制造业	36498	15418	49771	13238	1152
电气机械和器材制造业	198905	63870	191831	103868	4765
计算机、通信和其他电子设备制造业	254906	138888	496094	156634	2461
仪器仪表制造业	42912	14266	43744	20950	1720
其他制造业	6527	2086	6320	5827	133
废弃资源综合利用业	4355	1563	3321	843	121
金属制品、机械和设备修理业	1965	597	1666	175	20
电力、热力、燃气及水生产和供应业	**44650**	**25879**	**49859**	**2050**	**613**
电力、热力生产和供应业	41342	24940	47236	1027	547
燃气生产和供应业	1266	263	725	351	19
水的生产和供应业	2042	676	1898	672	47

2-7-5 分行业大型工业企业自主知识产权及相关情况

行业	专利申请数（件）	#发明专利	有效发明专利数（件）	拥有注册商标数（件）	形成国家或行业标准数（项）
合计	**441341**	**237721**	**725160**	**421613**	**11837**
采矿业	**11093**	**5678**	**12759**	**869**	**275**
煤炭开采和洗选业	4666	1330	2809	538	77
石油和天然气开采业	3744	2645	5007	2	138
黑色金属矿采选业	807	455	1960	3	25
有色金属矿采选业	464	189	196	168	15
非金属矿采选业	98	35	93	103	3
开采及其他辅助性活动	1314	1024	2694	55	17
制造业	**399176**	**210727**	**670966**	**420212**	**11102**
农副食品加工业	1079	224	1000	6819	76
食品制造业	2671	1102	4224	26260	126
酒、饮料和精制茶制造业	1605	227	1018	30013	91
烟草制品业	6680	2327	5584	20257	43
纺织业	2069	667	2027	6766	238
纺织服装、服饰业	1416	340	1327	10494	125
皮革、毛皮、羽毛及其制品和制鞋业	1267	225	748	6247	87
木材加工和木、竹、藤、棕、草制品业	136	30	100	445	23
家具制造业	4558	451	1111	6303	50
造纸和纸制品业	1135	376	1642	2374	36
印刷和记录媒介复制业	590	168	771	279	70
文教、工美、体育和娱乐用品制造业	3087	357	1397	5657	34
石油加工、炼焦和核燃料加工业	2207	982	3430	619	118
化学原料和化学制品制造业	6564	3384	10458	16634	423
医药制造业	6870	5042	16374	46095	1124
化学纤维制造业	1056	353	1665	1301	110
橡胶和塑料制品业	5161	1406	4044	9201	449
非金属矿物制品业	5767	1940	6900	7263	198
黑色金属冶炼和压延加工业	14654	6433	15870	2007	401
有色金属冶炼和压延加工业	4994	2058	6204	3892	612
金属制品业	6774	2501	7575	6038	298
通用设备制造业	21894	8828	28745	12052	825
专用设备制造业	21151	9281	28209	16935	666
汽车制造业	34791	15994	33139	40952	689
铁路、船舶、航空航天和其他运输设备制造业	16336	9421	27537	4329	805
电气机械和器材制造业	84531	37553	85855	43435	2208
计算机、通信和其他电子设备制造业	131261	94803	364435	84322	822
仪器仪表制造业	6258	2849	5924	2595	274
其他制造业	1716	1032	2711	557	69
废弃资源综合利用业	186	39	295	22	3
金属制品、机械和设备修理业	712	334	647	49	9
电力、热力、燃气及水生产和供应业	**31072**	**21316**	**41435**	**532**	**460**
电力、热力生产和供应业	30432	21089	41113	391	439
燃气生产和供应业	354	115	168	127	12
水的生产和供应业	286	112	154	14	9

2-7-6 分行业中型工业企业自主知识产权及相关情况

行业	专利申请数（件）	#发明专利	有效发明专利数（件）	拥有注册商标数（件）	形成国家或行业标准数（项）
合计	**265938**	**88646**	**294054**	**284662**	**10119**
采矿业	**1944**	**504**	**1777**	**294**	**20**
煤炭开采和洗选业	642	156	365	14	4
石油和天然气开采业	42	19	151		4
黑色金属矿采选业	321	79	182	62	3
有色金属矿采选业	495	114	422	47	4
非金属矿采选业	265	72	289	134	5
开采及其他辅助性活动	171	59	364	37	
其他采矿业	8	5	4		
制造业	**258914**	**86621**	**289684**	**283748**	**10023**
农副食品加工业	2268	583	2852	6031	119
食品制造业	2884	991	3913	19044	129
酒、饮料和精制茶制造业	885	237	1067	9602	68
烟草制品业	482	66	481	517	
纺织业	4366	1010	4412	3810	272
纺织服装、服饰业	2521	410	1713	6288	142
皮革、毛皮、羽毛及其制品和制鞋业	1486	251	851	1725	87
木材加工和木、竹、藤、棕、草制品业	976	255	1025	2758	150
家具制造业	4168	486	2111	4857	56
造纸和纸制品业	2405	652	2060	4252	85
印刷和记录媒介复制业	2196	483	2668	2705	118
文教、工美、体育和娱乐用品制造业	4765	666	2709	7777	165
石油加工、炼焦和核燃料加工业	611	180	828	1131	4
化学原料和化学制品制造业	11086	5365	21447	38482	960
医药制造业	7729	4572	21281	44898	802
化学纤维制造业	864	291	1227	789	76
橡胶和塑料制品业	8457	2584	8055	6008	312
非金属矿物制品业	10728	3185	10505	6833	396
黑色金属冶炼和压延加工业	1960	676	1934	489	54
有色金属冶炼和压延加工业	4351	1477	5141	2230	222
金属制品业	12777	2934	12123	9332	637
通用设备制造业	22935	6951	23382	14372	1125
专用设备制造业	28325	9786	26717	19085	838
汽车制造业	17272	4471	16842	5823	302
铁路、船舶、航空航天和其他运输设备制造业	7597	2838	8898	3614	211
电气机械和器材制造业	34196	9840	33500	21918	1291
计算机、通信和其他电子设备制造业	47495	20364	58407	31059	760
仪器仪表制造业	10988	4340	11812	6105	564
其他制造业	1261	406	1023	1974	36
废弃资源综合利用业	554	164	374	234	39
金属制品、机械和设备修理业	326	107	326	6	3
电力、热力、燃气及水生产和供应业	**5080**	**1521**	**2593**	**620**	**76**
电力、热力生产和供应业	4384	1300	1985	201	47
燃气生产和供应业	269	44	195	122	6
水的生产和供应业	427	177	413	297	23

2-7-7 分行业国有及国有控股工业企业自主知识产权及相关情况

行业	专利申请数（件）	#发明专利	有效发明专利数（件）	拥有注册商标数（件）	形成国家或行业标准数（项）
合计	**237936**	**128247**	**389604**	**161770**	**8454**
采矿业	**12523**	**5886**	**13736**	**1097**	**291**
煤炭开采和洗选业	5374	1494	3077	549	80
石油和天然气开采业	3474	2469	4881	4	140
黑色金属矿采选业	852	463	1969	57	28
有色金属矿采选业	1006	293	671	199	19
非金属矿采选业	436	110	340	226	7
开采及其他辅助性活动	1373	1052	2794	62	17
其他采矿业	8	5	4		
制造业	**184932**	**97565**	**328995**	**159448**	**7606**
农副食品加工业	423	128	627	1452	54
食品制造业	1042	447	1794	8965	70
酒、饮料和精制茶制造业	1300	251	1025	23321	76
烟草制品业	7026	2489	5923	20689	43
纺织业	465	165	595	317	174
纺织服装、服饰业	193	41	355	138	23
皮革、毛皮、羽毛及其制品和制鞋业	166	31	174	70	60
木材加工和木、竹、藤、棕、草制品业	141	32	210	120	15
家具制造业	183	55	278	134	1
造纸和纸制品业	403	165	595	656	32
印刷和记录媒介复制业	584	153	1061	923	42
文教、工美、体育和娱乐用品制造业	425	49	180	324	28
石油加工、炼焦和核燃料加工业	1819	948	3871	1388	106
化学原料和化学制品制造业	8468	4189	14423	7876	444
医药制造业	2789	1376	6986	19557	414
化学纤维制造业	417	224	1077	1001	48
橡胶和塑料制品业	1743	616	2217	2795	197
非金属矿物制品业	6511	2312	7529	3747	264
黑色金属冶炼和压延加工业	10067	5630	15524	1258	209
有色金属冶炼和压延加工业	5126	2120	8683	2521	473
金属制品业	5489	2503	8265	699	393
通用设备制造业	13361	5579	19128	5296	470
专用设备制造业	14431	6108	18832	4904	672
汽车制造业	25972	12994	29126	26903	616
铁路、船舶、航空航天和其他运输设备制造业	18964	11388	33102	2508	885
电气机械和器材制造业	11468	5410	15737	3976	908
计算机、通信和其他电子设备制造业	38748	28399	121316	16124	526
仪器仪表制造业	3843	1985	6141	1278	272
其他制造业	1750	1174	2927	371	75
废弃资源综合利用业	548	171	433	80	5
金属制品、机械和设备修理业	1067	433	861	57	11
电力、热力、燃气及水生产和供应业	**40481**	**24796**	**46873**	**1225**	**557**
电力、热力生产和供应业	39003	24362	45703	634	515
燃气生产和供应业	551	134	226	175	10
水的生产和供应业	927	300	944	416	32

2-7-8 分行业内资工业企业自主知识产权及相关情况

行业	专利申请数(件)	#发明专利	有效发明专利数(件)	拥有注册商标数(件)	形成国家或行业标准数(项)
合计	**1224747**	**429773**	**1450729**	**977602**	**30418**
采矿业	**14588**	**6324**	**15239**	**1387**	**303**
煤炭开采和洗选业	5426	1504	3076	553	79
石油和天然气开采业	3484	2470	4880	4	140
黑色金属矿采选业	1330	575	2209	81	28
有色金属矿采选业	1332	369	1056	247	17
非金属矿采选业	1358	288	923	404	22
开采及其他辅助性活动	1650	1113	3091	98	17
其他采矿业	8	5	4		
制造业	**1167585**	**398133**	**1386765**	**974408**	**29522**
农副食品加工业	15573	3930	15096	29088	441
食品制造业	12148	3776	14728	60541	385
酒、饮料和精制茶制造业	5099	1257	4787	48455	244
烟草制品业	7633	2536	6294	20856	43
纺织业	17572	3712	14179	13664	576
纺织服装、服饰业	6334	1168	4330	18318	207
皮革、毛皮、羽毛及其制品和制鞋业	5924	801	2844	6861	190
木材加工和木、竹、藤、棕、草制品业	5208	1182	4123	5665	270
家具制造业	13940	1737	6504	15445	163
造纸和纸制品业	8856	1756	7060	7147	133
印刷和记录媒介复制业	9800	1752	8519	3824	185
文教、工美、体育和娱乐用品制造业	17025	2563	10678	18771	317
石油加工、炼焦和核燃料加工业	4101	1456	6016	3125	107
化学原料和化学制品制造业	52922	20030	76611	109259	2623
医药制造业	26055	11768	53828	105501	2147
化学纤维制造业	3754	1081	4572	3036	181
橡胶和塑料制品业	44268	9977	37507	25616	1218
非金属矿物制品业	51324	13011	45915	25876	1331
黑色金属冶炼和压延加工业	20630	8238	22698	3180	491
有色金属冶炼和压延加工业	19361	6063	21908	7765	896
金属制品业	59359	12965	52416	27364	1457
通用设备制造业	107311	27502	107605	50224	2916
专用设备制造业	114106	33362	120166	60670	2585
汽车制造业	66224	21044	62125	35913	1050
铁路、船舶、航空航天和其他运输设备制造业	34142	14775	47236	11147	1107
电气机械和器材制造业	170522	54885	161269	90558	4322
计算机、通信和其他电子设备制造业	218137	118922	418031	142125	2149
仪器仪表制造业	38698	12937	39263	18504	1547
其他制造业	5809	1925	5925	5044	124
废弃资源综合利用业	4034	1467	3064	710	97
金属制品、机械和设备修理业	1716	555	1468	156	20
电力、热力、燃气及水生产和供应业	**42574**	**25316**	**48725**	**1807**	**593**
电力、热力生产和供应业	39886	24535	46538	942	537
燃气生产和供应业	800	156	443	206	10
水的生产和供应业	1888	625	1744	659	46

2-7-9 分行业港澳台商投资工业企业自主知识产权及相关情况

行业	专利申请数(件)	#发明专利	有效发明专利数(件)	拥有注册商标数(件)	形成国家或行业标准数(项)
合计	**83644**	**29775**	**111913**	**99556**	**2672**
采矿业	**489**	**199**	**477**	**30**	**7**
煤炭开采和洗选业	169	40	155	4	3
石油和天然气开采业	266	143	185		2
有色金属矿采选业	23	2	6	1	
非金属矿采选业	12	4	27	23	2
开采及其他辅助性活动	19	10	103	2	
制造业	**82154**	**29248**	**110778**	**99393**	**2650**
农副食品加工业	532	98	472	1144	7
食品制造业	1108	378	2227	6786	35
酒、饮料和精制茶制造业	723	72	259	5146	20
烟草制品业	5	3	33		
纺织业	1879	489	2222	2901	104
纺织服装、服饰业	1359	308	1150	2752	91
皮革、毛皮、羽毛及其制品和制鞋业	587	101	337	762	20
木材加工和木、竹、藤、棕、草制品业	158	12	156	150	50
家具制造业	1271	177	346	633	11
造纸和纸制品业	1304	431	1259	3185	39
印刷和记录媒介复制业	918	201	1078	695	68
文教、工美、体育和娱乐用品制造业	1931	278	1729	4331	34
石油加工、炼焦和核燃料加工业	167	107	458	216	45
化学原料和化学制品制造业	2687	1150	4876	10407	123
医药制造业	2135	1535	4830	11217	424
化学纤维制造业	428	114	460	245	37
橡胶和塑料制品业	3487	708	3629	4970	197
非金属矿物制品业	1698	425	2463	1197	69
黑色金属冶炼和压延加工业	339	69	344	68	24
有色金属冶炼和压延加工业	768	213	1002	711	137
金属制品业	3481	708	4099	2665	77
通用设备制造业	4807	1484	6587	2949	191
专用设备制造业	7627	3207	8417	6756	188
汽车制造业	6493	1747	4947	8551	78
铁路、船舶、航空航天和其他运输设备制造业	927	276	1052	1271	15
电气机械和器材制造业	13945	4825	15155	9206	223
计算机、通信和其他电子设备制造业	18406	9228	38337	8235	199
仪器仪表制造业	2248	768	2305	1571	119
其他制造业	422	68	279	609	3
废弃资源综合利用业	205	50	124	48	22
金属制品、机械和设备修理业	109	18	146	16	
电力、热力、燃气及水生产和供应业	**1001**	**328**	**658**	**133**	**15**
电力、热力生产和供应业	670	228	430	23	6
燃气生产和供应业	242	68	138	99	8
水的生产和供应业	89	32	90	11	1

2-7-10 分行业外商投资工业企业自主知识产权及相关情况

行业	专利申请数(件)	#发明专利	有效发明专利数(件)	拥有注册商标数(件)	形成国家或行业标准数(项)
合计	**95220**	**35041**	**129267**	**89300**	**1816**
采矿业	**336**	**117**	**348**	**18**	**5**
煤炭开采和洗选业	21	1	9	2	
石油和天然气开采业	140	82	206		
黑色金属矿采选业	28	4	2		
有色金属矿采选业	91	18	44	2	2
非金属矿采选业	39	5	63	14	3
开采及其他辅助性活动	17	7	24		
制造业	**93809**	**34689**	**128443**	**89172**	**1806**
农副食品加工业	882	181	1100	3118	46
食品制造业	1070	428	1307	11030	39
酒、饮料和精制茶制造业	137	37	204	1607	12
纺织业	931	226	1033	1753	36
纺织服装、服饰业	578	88	480	1578	13
皮革、毛皮、羽毛及其制品和制鞋业	742	121	337	3796	17
木材加工和木、竹、藤、棕、草制品业	186	29	264	223	19
家具制造业	887	81	706	630	10
造纸和纸制品业	472	140	1010	395	13
印刷和记录媒介复制业	399	76	399	34	17
文教、工美、体育和娱乐用品制造业	855	137	666	1837	11
石油加工、炼焦和核燃料加工业	132	30	143	105	
化学原料和化学制品制造业	2746	1370	5309	7891	178
医药制造业	3307	2088	5853	15274	125
化学纤维制造业	214	49	385	157	32
橡胶和塑料制品业	2777	631	3473	1339	42
非金属矿物制品业	1989	641	2501	1855	50
黑色金属冶炼和压延加工业	559	144	429	40	6
有色金属冶炼和压延加工业	760	253	908	316	102
金属制品业	3020	613	3005	1763	82
通用设备制造业	11938	3872	13999	3931	220
专用设备制造业	8790	3251	12040	7437	148
汽车制造业	13669	4197	13783	10728	163
铁路、船舶、航空航天和其他运输设备制造业	1429	367	1483	820	30
电气机械和器材制造业	14438	4160	15407	4104	220
计算机、通信和其他电子设备制造业	18363	10738	39726	6274	113
仪器仪表制造业	1966	561	2176	875	54
其他制造业	296	93	116	174	6
废弃资源综合利用业	116	46	133	85	2
金属制品、机械和设备修理业	140	24	52	3	
电力、热力、燃气及水生产和供应业	**1075**	**235**	**476**	**110**	**5**
电力、热力生产和供应业	786	177	268	62	4
燃气生产和供应业	224	39	144	46	1
水的生产和供应业	65	19	64	2	

2-7-11 各地区工业企业自主知识产权及相关情况

地区	专利申请数(件)	#发明专利	有效发明专利数(件)	拥有注册商标数(件)	形成国家或行业标准数(项)
全国	**1403611**	**494589**	**1691909**	**1166458**	**34906**
东部地区	978355	342041	1224079	852391	22761
中部地区	258334	91234	264278	156212	6607
西部地区	132178	48744	155092	135802	4258
东北地区	34744	12570	48460	22053	1280
北京	28221	15589	70538	42677	539
天津	18952	5928	26326	13435	455
河北	30171	8844	34240	32234	1092
山西	10152	3664	12336	7811	449
内蒙古	7722	2725	6847	10391	258
辽宁	20104	6614	31740	9842	853
吉林	7949	3187	7109	4861	153
黑龙江	6691	2769	9611	7350	274
上海	41431	16786	66509	35795	984
江苏	207371	65806	242423	103515	4598
浙江	159920	41292	120873	147853	4934
安徽	75058	30230	78480	33169	1774
福建	51551	15516	45695	48130	1224
江西	32350	8312	21690	16986	488
山东	98190	31824	103410	87297	3775
河南	45391	10345	42849	30924	1066
湖北	54807	22180	61986	40389	1347
湖南	40576	16503	46937	26933	1483
广东	340935	139727	511717	337306	5097
广西	11641	4878	14995	12005	462
海南	1613	729	2348	4149	63
重庆	22240	7362	24388	21650	420
四川	41236	14847	48898	43385	1037
贵州	8372	3850	9357	9140	187
云南	9467	2996	11021	15352	303
西藏	100	31	227	195	1
陕西	16285	6708	24226	15950	976
甘肃	4645	1526	4842	2240	369
青海	1354	467	1224	1071	34
宁夏	3935	1346	3397	2159	93
新疆	5181	2008	5670	2264	118

2-7-12 各地区大型工业企业自主知识产权及相关情况

地　区	专　利 申请数 (件)	#发明专利	有效发明 专 利 数 (件)	拥有注册 商 标 数 (件)	形成国家或 行业标准数 (项)
全　国	**441341**	**237721**	**725160**	**421613**	**11837**
东部地区	304475	169187	558759	304618	7268
中部地区	72319	36609	89563	51890	2314
西部地区	51095	24933	59972	58563	1671
东北地区	13452	6992	16866	6542	584
北　京	11530	7648	42214	13449	138
天　津	3178	1684	5914	1570	146
河　北	10151	4035	10647	14658	304
山　西	4483	2048	6282	3044	221
内蒙古	4880	1932	3793	9036	210
辽　宁	5567	3047	9554	2291	405
吉　林	4648	2208	2896	1461	33
黑龙江	3237	1737	4416	2790	146
上　海	12010	7480	27166	13125	278
江　苏	40443	20376	54972	35097	1292
浙　江	36728	14292	33968	36265	1214
安　徽	21673	10471	23326	12050	442
福　建	15069	7529	15075	15581	304
江　西	5829	2502	6660	3560	91
山　东	29856	15217	38221	32012	1401
河　南	11259	3731	12333	12825	383
湖　北	19466	12823	26248	9614	477
湖　南	9609	5034	14714	10797	700
广　东	144883	90634	330121	142651	2143
广　西	5533	3122	6777	3973	232
海　南	627	292	461	210	48
重　庆	6818	3437	8008	6173	117
四　川	14928	7716	19000	21955	345
贵　州	2166	952	2504	3781	57
云　南	4053	1825	4200	8093	90
西　藏	18	7	39		
陕　西	6017	2862	9356	3277	394
甘　肃	1962	754	1847	655	109
青　海	917	354	690	544	15
宁　夏	828	422	708	435	21
新　疆	2975	1550	3050	641	81

2-7-13　各地区中型工业企业自主知识产权及相关情况

地　区	专　利申请数(件)	#发明专利	有效发明专　利　数(件)	拥有注册商　标　数(件)	形成国家或行业标准数(项)
全　国	**265938**	**88646**	**294054**	**284662**	**10119**
东部地区	189273	62514	205556	216578	6795
中部地区	45062	15421	47259	30525	1781
西部地区	25876	8821	32375	32331	1295
东北地区	5727	1890	8864	5228	248
北　京	7131	4018	12491	11613	246
天　津	4070	1501	5683	4318	150
河　北	5245	1431	5901	5815	283
山　西	1826	434	1853	1994	67
内蒙古	1339	349	1241	374	32
辽　宁	3606	1124	5641	1972	164
吉　林	1171	358	1285	1344	37
黑龙江	950	408	1938	1912	47
上　海	8548	3526	11965	7465	254
江　苏	38214	13265	49120	23439	1406
浙　江	33386	9517	28699	44213	1704
安　徽	11140	4845	12207	6714	496
福　建	11733	3327	11688	14074	417
江　西	5689	1501	3983	4113	181
山　东	18710	6272	20750	23896	986
河　南	9796	2406	9340	5737	353
湖　北	7873	2772	9687	6259	377
湖　南	8738	3463	10189	5708	307
广　东	61908	19489	58601	79660	1338
广　西	2114	681	2897	2916	117
海　南	328	168	658	2085	11
重　庆	5318	1536	5850	7561	175
四　川	7470	2658	9731	11182	361
贵　州	1971	841	2347	1622	32
云　南	1338	407	1663	2038	80
西　藏	13	3	89	82	
陕　西	3688	1606	5373	4693	262
甘　肃	882	274	1165	687	190
青　海	95	18	188	365	4
宁　夏	899	315	928	308	26
新　疆	749	133	903	503	16

2-7-14　各地区国有及国有控股工业企业自主知识产权及相关情况

地　　区	专　利 申请数 (件)	#发明专利	有效发明 专 利 数 (件)	拥有注册 商 标 数 (件)	形成国家或 行业标准数 (项)
全　　国	**237936**	**128247**	**389604**	**161770**	**8454**
东部地区	106540	62264	220169	81262	3112
中部地区	59067	30368	82146	32822	2418
西部地区	58128	28202	67805	42190	2272
东北地区	14201	7413	19484	5496	652
北　　京	12473	8208	34502	13954	342
天　　津	4125	2108	6140	2198	180
河　　北	6198	2863	7832	2908	229
山　　西	5734	2673	7666	2727	244
内 蒙 古	4222	1628	3270	1340	160
辽　　宁	6127	3320	11425	1022	417
吉　　林	4760	2289	2955	1246	57
黑 龙 江	3314	1804	5104	3228	178
上　　海	10126	6085	25051	8523	389
江　　苏	18029	10098	30248	10018	573
浙　　江	4206	1786	5310	4289	173
安　　徽	11965	5878	17771	7351	450
福　　建	4968	2647	7978	3544	138
江　　西	4259	1627	4285	2955	97
山　　东	20726	10638	27734	13152	580
河　　南	10900	3973	12568	4804	289
湖　　北	17734	11621	24027	7981	605
湖　　南	8475	4596	15829	7004	733
广　　东	25078	17535	75024	22317	478
广　　西	4740	2609	6609	4184	280
海　　南	611	296	350	359	30
重　　庆	6915	3349	7249	6535	212
四　　川	14968	8256	19485	14135	312
贵　　州	4887	2840	5099	2886	80
云　　南	5092	2147	5467	6739	105
西　　藏	64	23	99	36	1
陕　　西	9069	4166	13495	4309	752
甘　　肃	3089	1054	2747	1086	276
青　　海	1005	366	765	581	16
宁　　夏	1049	440	772	80	23
新　　疆	3028	1324	2748	279	55

2-7-15 各地区内资工业企业自主知识产权及相关情况

地　区	专　利 申请数 (件)	#发明专利	有效发明 专 利 数 (件)	拥有注册 商 标 数 (件)	形成国家或 行业标准数 (项)
全　国	**1224747**	**429773**	**1450729**	**977602**	**30418**
东部地区	827490	286776	1016029	694572	19035
中部地区	243436	85972	249160	141085	6197
西部地区	123322	45615	142308	121633	4012
东北地区	30499	11410	43232	20312	1174
北　京	22170	12554	52595	31943	508
天　津	16360	5130	21819	11596	381
河　北	25719	7605	30638	23753	945
山　西	9854	3566	12051	7633	443
内 蒙 古	7137	2562	6252	4978	231
辽　宁	17504	5854	27347	8544	755
吉　林	6816	2931	6475	4563	149
黑 龙 江	6179	2625	9410	7205	270
上　海	29139	11368	49270	27260	799
江　苏	173555	53498	193215	79855	3865
浙　江	138356	33858	93735	130032	4283
安　徽	70282	28399	72050	29643	1666
福　建	41303	12137	34999	30952	893
江　西	30286	7747	20292	15839	463
山　东	88042	28240	91394	69586	3248
河　南	43404	9870	41132	27115	1022
湖　北	51292	20711	58588	36901	1245
湖　南	38318	15679	45047	23954	1358
广　东	291449	121777	446337	285798	4078
广　西	8241	3472	9526	9124	421
海　南	1397	609	2027	3797	35
重　庆	20846	6991	22849	20597	392
四　川	39538	14252	46080	41897	970
贵　州	8166	3807	9158	8620	182
云　南	9110	2873	10576	14597	259
西　藏	85	28	190	193	1
陕　西	15659	6507	23447	14162	952
甘　肃	4606	1520	4819	2239	369
青　海	1271	445	1118	1052	32
宁　夏	3713	1219	3037	1917	86
新　疆	4950	1939	5256	2257	117

2-7-16 各地区港澳台商投资工业企业自主知识产权及相关情况

地区	专利申请数(件)	#发明专利	有效发明专利数(件)	拥有注册商标数(件)	形成国家或行业标准数(项)
全国	**83644**	**29775**	**111913**	**99556**	**2672**
东部地区	74990	27167	102804	89787	2325
中部地区	5165	1704	5203	6360	179
西部地区	2264	596	2732	2877	110
东北地区	1225	308	1174	532	58
北京	3291	1864	13882	4823	8
天津	864	235	1223	509	49
河北	3177	955	2417	6972	49
山西	55	22	118	144	3
内蒙古	95	23	130	28	9
辽宁	665	154	930	430	54
吉林	135	26	131	36	
黑龙江	425	128	113	66	4
上海	3918	1810	6220	3073	75
江苏	14756	6031	21332	14910	392
浙江	10000	3712	9691	8685	329
安徽	1761	647	1626	2645	35
福建	5854	2148	5970	9148	230
江西	779	177	603	602	14
山东	2388	733	2961	2742	363
河南	688	175	853	314	18
湖北	869	248	930	1433	31
湖南	1013	435	1073	1222	78
广东	30564	9581	38883	38656	804
广西	282	72	438	143	
海南	178	98	225	269	26
重庆	485	111	503	406	10
四川	744	208	892	810	49
贵州	133	19	70	182	1
云南	181	61	254	163	37
陕西	195	90	175	1111	
甘肃	12	2	20	1	
青海	2		8	14	
宁夏	58	8	27	15	3
新疆	77	2	215	4	1

2-7-17　各地区外商投资工业企业自主知识产权及相关情况

地　　区	专　利 申请数 (件)	#发明专利	有效发明 专 利 数 (件)	拥有注册 商 标 数 (件)	形成国家或 行业标准数 (项)
全　　国	**95220**	**35041**	**129267**	**89300**	**1816**
东部地区	75875	28098	105246	68032	1401
中部地区	9733	3558	9915	8767	231
西部地区	6592	2533	10052	11292	136
东北地区	3020	852	4054	1209	48
北　　京	2760	1171	4061	5911	23
天　　津	1728	563	3284	1330	25
河　　北	1275	284	1185	1509	98
山　　西	243	76	167	34	3
内 蒙 古	490	140	465	5385	18
辽　　宁	1935	606	3463	868	44
吉　　林	998	230	503	262	4
黑 龙 江	87	16	88	79	
上　　海	8374	3608	11019	5462	110
江　　苏	19060	6277	27876	8750	341
浙　　江	11564	3722	17447	9136	322
安　　徽	3015	1184	4804	881	73
福　　建	4394	1231	4726	8030	101
江　　西	1285	388	795	545	11
山　　东	7760	2851	9055	14969	164
河　　南	1299	300	864	3495	26
湖　　北	2646	1221	2468	2055	71
湖　　南	1245	389	817	1757	47
广　　东	18922	8369	26497	12852	215
广　　西	3118	1334	5031	2738	41
海　　南	38	22	96	83	2
重　　庆	909	260	1036	647	18
四　　川	954	387	1926	678	18
贵　　州	73	24	129	338	4
云　　南	176	62	191	592	7
西　　藏	15	3	37	2	
陕　　西	431	111	604	677	24
甘　　肃	27	4	3		
青　　海	81	22	98	5	2
宁　　夏	164	119	333	227	4
新　　疆	154	67	199	3	

第二部分

工业企业研发活动情况

8

工业企业政府相关政策落实情况

(2021)

2-8-1 分登记注册类型工业企业政府相关政策落实情况

单位：万元

登记注册类型	研究开发费用加计扣除减免税	高新技术企业减免税
合 计	**20916773**	**25039496**
国有及国有控股	**3944820**	**3985403**
内资企业	**16954792**	**19786377**
国有企业	189095	163547
集体企业	5493	1351
股份合作企业	10177	14696
联营企业	1810	4019
国有联营企业	1189	3505
集体联营企业		75
国有与集体联营企业	621	439
有限责任公司	5298207	5220773
国有独资公司	510407	407276
其他有限责任公司	4787800	4813497
股份有限公司	2781782	3158034
私营企业	8644742	11218513
私营独资企业	42170	34690
私营合伙企业	6677	2118
私营有限责任公司	7174272	9319823
私营股份有限公司	1421623	1861883
其他企业	23486	5446
港、澳、台商投资企业	**1807858**	**2249715**
合资经营企业	588037	718794
合作经营企业	13430	14501
港、澳、台商独资经营企业	845937	1143564
港、澳、台商投资股份有限公司	322166	353068
其他港、澳、台投资企业	38289	19788
外商投资企业	**2154123**	**3003404**
中外合资经营企业	959845	1446369
中外合作经营企业	19812	29672
外资企业	954974	1214353
外商投资股份有限公司	185828	303903
其他外商投资企业	33665	9107

2-8-2　分登记注册类型大型工业企业政府相关政策落实情况

单位：万元

登记注册类型	研究开发费用加计扣除减免税	高新技术企业减免税
合　计	**8886072**	**14422833**
国有及国有控股	**2725403**	**2665641**
内资企业	**6677826**	**11395144**
国有企业	121934	112988
股份合作企业	1884	3624
有限责任公司	2777323	2963733
国有独资公司	332880	274610
其他有限责任公司	2444443	2689124
股份有限公司	1863775	1941642
私营企业	1912910	6373157
私营独资企业	11503	21922
私营有限责任公司	1449711	5611729
私营股份有限公司	451696	739507
港、澳、台商投资企业	**1013217**	**1308001**
合资经营企业	306316	315960
合作经营企业	4608	7185
港、澳、台商独资经营企业	458807	730337
港、澳、台商投资股份有限公司	217197	240489
其他港、澳、台投资企业	26289	14030
外商投资企业	**1195029**	**1719688**
中外合资经营企业	586562	900982
中外合作经营企业	10279	18915
外资企业	495018	602516
外商投资股份有限公司	102355	193719
其他外商投资企业	816	3556

2-8-3 分登记注册类型中型工业企业政府相关政策落实情况

单位：万元

登记注册类型	研究开发费用加计扣除减免税	高新技术企业减免税
合　计	**5214377**	**6040940**
国有及国有控股	**742794**	**923659**
内资企业	**4185086**	**4503056**
国有企业	44285	35593
集体企业	2728	394
股份合作企业	1928	4132
联营企业	755	1231
有限责任公司	1304950	1363553
国有独资公司	116076	91615
其他有限责任公司	1188875	1271939
股份有限公司	623819	912594
私营企业	2205025	2183147
私营独资企业	6885	1732
私营合伙企业	1990	1229
私营有限责任公司	1693187	1482400
私营股份有限公司	502964	697785
其他企业	1595	2412
港、澳、台商投资企业	**479874**	**689805**
合资经营企业	163886	311397
合作经营企业	2986	361
港、澳、台商独资经营企业	228591	287711
港、澳、台商投资股份有限公司	80557	87648
其他港、澳、台投资企业	3854	2689
外商投资企业	**549417**	**848079**
中外合资经营企业	214678	384523
中外合作经营企业	6177	4865
外资企业	249361	372261
外商投资股份有限公司	49592	84777
其他外商投资企业	29609	1653

2-8-4　分行业工业企业政府相关政策落实情况

单位：万元

行　业	研究开发费用加计扣除减免税	高新技术企业减免税
合　计	**20916773**	**25039496**
采矿业	**330994**	**431828**
煤炭开采和洗选业	147304	147436
石油和天然气开采业	74883	38482
黑色金属矿采选业	25534	132943
有色金属矿采选业	35346	82696
非金属矿采选业	25166	22465
开采及其他辅助性活动	22713	7390
其他采矿业	48	416
制造业	**20414130**	**24384953**
农副食品加工业	250682	142999
食品制造业	279882	272916
酒、饮料和精制茶制造业	109916	55388
烟草制品业	3029	15332
纺织业	313396	213083
纺织服装、服饰业	110786	49346
皮革、毛皮、羽毛及其制品和制鞋业	71819	34895
木材加工和木、竹、藤、棕、草制品业	71848	66747
家具制造业	125257	129025
造纸和纸制品业	222701	301392
印刷和记录媒介复制业	134794	126428
文教、工美、体育和娱乐用品制造业	156684	93411
石油加工、炼焦和核燃料加工业	147985	166994
化学原料和化学制品制造业	1338991	2047724
医药制造业	1337136	2255063
化学纤维制造业	108980	86342
橡胶和塑料制品业	605240	594647
非金属矿物制品业	820247	878398
黑色金属冶炼和压延加工业	810226	5339255
有色金属冶炼和压延加工业	549831	505699
金属制品业	723754	542846
通用设备制造业	1358988	1431714
专用设备制造业	1379096	1432959
汽车制造业	1501727	1284465
铁路、船舶、航空航天和其他运输设备制造业	498975	428327
电气机械和器材制造业	2117878	2171347
计算机、通信和其他电子设备制造业	4576549	3148031
仪器仪表制造业	528756	476769
其他制造业	81614	41925
废弃资源综合利用业	49785	33809
金属制品、机械和设备修理业	27580	17679
电力、热力、燃气及水生产和供应业	**171649**	**222715**
电力、热力生产和供应业	128844	148059
燃气生产和供应业	22013	47656
水的生产和供应业	20792	27001

2-8-5 分行业大型工业企业政府相关政策落实情况

单位：万元

行　业	研究开发费用加计扣除减免税	高新技术企业减免税
合　计	**8886072**	**14422833**
采矿业	**233226**	**206328**
煤炭开采和洗选业	119366	117330
石油和天然气开采业	70155	4481
黑色金属矿采选业	13231	64910
有色金属矿采选业	6980	18071
非金属矿采选业	3148	604
开采及其他辅助性活动	20345	933
制造业	**8589899**	**14179004**
农副食品加工业	31962	23333
食品制造业	104712	143184
酒、饮料和精制茶制造业	46894	16719
烟草制品业	988	3675
纺织业	54899	53070
纺织服装、服饰业	37562	12047
皮革、毛皮、羽毛及其制品和制鞋业	21961	22485
木材加工和木、竹、藤、棕、草制品业	3412	8156
家具制造业	50173	90623
造纸和纸制品业	83985	202239
印刷和记录媒介复制业	20816	25090
文教、工美、体育和娱乐用品制造业	36846	39450
石油加工、炼焦和核燃料加工业	89275	110162
化学原料和化学制品制造业	309995	651893
医药制造业	608868	1080260
化学纤维制造业	47886	58129
橡胶和塑料制品业	146958	201097
非金属矿物制品业	136938	305371
黑色金属冶炼和压延加工业	662885	5249143
有色金属冶炼和压延加工业	200316	285920
金属制品业	164742	145570
通用设备制造业	378231	577655
专用设备制造业	374843	503505
汽车制造业	816406	746482
铁路、船舶、航空航天和其他运输设备制造业	257663	258129
电气机械和器材制造业	897103	1261639
计算机、通信和其他电子设备制造业	2824819	1978732
仪器仪表制造业	116146	96017
其他制造业	46653	19132
废弃资源综合利用业	909	264
金属制品、机械和设备修理业	15055	9835
电力、热力、燃气及水生产和供应业	**62948**	**37500**
电力、热力生产和供应业	57186	7346
燃气生产和供应业	4628	25799
水的生产和供应业	1133	4355

2-8-6 分行业中型工业企业政府相关政策落实情况

单位：万元

行业	研究开发费用加计扣除减免税	高新技术企业减免税
合计	**5214377**	**6040940**
采矿业	**55231**	**150656**
煤炭开采和洗选业	23635	29946
石油和天然气开采业	2011	
黑色金属矿采选业	4486	61212
有色金属矿采选业	18337	47965
非金属矿采选业	5579	5711
开采及其他辅助性活动	1135	5406
其他采矿业	48	416
制造业	**5123142**	**5797230**
农副食品加工业	56038	47115
食品制造业	69507	64614
酒、饮料和精制茶制造业	22556	16365
烟草制品业	551	5833
纺织业	111129	96890
纺织服装、服饰业	36021	26773
皮革、毛皮、羽毛及其制品和制鞋业	17765	4142
木材加工和木、竹、藤、棕、草制品业	22920	20414
家具制造业	36444	23742
造纸和纸制品业	66859	71809
印刷和记录媒介复制业	46366	60774
文教、工美、体育和娱乐用品制造业	43770	28031
石油加工、炼焦和核燃料加工业	34786	42889
化学原料和化学制品制造业	389855	762134
医药制造业	426192	834271
化学纤维制造业	27190	14802
橡胶和塑料制品业	155309	191141
非金属矿物制品业	267338	311121
黑色金属冶炼和压延加工业	88663	60614
有色金属冶炼和压延加工业	147946	134153
金属制品业	195290	209196
通用设备制造业	352279	460799
专用设备制造业	366931	450108
汽车制造业	367875	336083
铁路、船舶、航空航天和其他运输设备制造业	120571	85857
电气机械和器材制造业	547622	528787
计算机、通信和其他电子设备制造业	914251	695746
仪器仪表制造业	162362	192131
其他制造业	12810	9959
废弃资源综合利用业	10808	7850
金属制品、机械和设备修理业	5140	3089
电力、热力、燃气及水生产和供应业	**36004**	**93053**
电力、热力生产和供应业	24902	80385
燃气生产和供应业	4956	8324
水的生产和供应业	6146	4345

2-8-7 分行业国有及国有控股工业企业政府相关政策落实情况

单位：万元

行　　业	研究开发费用加计扣除减免税	高新技术企业减免税
合　计	**3944820**	**3985403**
采矿业	**252313**	**278324**
煤炭开采和洗选业	127610	139795
石油和天然气开采业	61669	5186
黑色金属矿采选业	12953	72687
有色金属矿采选业	20104	50986
非金属矿采选业	9425	5240
开采及其他辅助性活动	20506	4014
其他采矿业	48	416
制造业	**3574127**	**3579813**
农副食品加工业	8341	4739
食品制造业	19360	30598
酒、饮料和精制茶制造业	28658	23021
烟草制品业	1504	12186
纺织业	7660	11104
纺织服装、服饰业	2062	1144
皮革、毛皮、羽毛及其制品和制鞋业	829	543
木材加工和木、竹、藤、棕、草制品业	1544	882
家具制造业	4537	12427
造纸和纸制品业	14921	12016
印刷和记录媒介复制业	8169	15702
文教、工美、体育和娱乐用品制造业	1660	2529
石油加工、炼焦和核燃料加工业	44374	52835
化学原料和化学制品制造业	299105	524003
医药制造业	152403	395248
化学纤维制造业	11901	6949
橡胶和塑料制品业	30430	23195
非金属矿物制品业	128265	166681
黑色金属冶炼和压延加工业	408042	359877
有色金属冶炼和压延加工业	116761	230093
金属制品业	95001	66401
通用设备制造业	238344	238565
专用设备制造业	179006	142054
汽车制造业	532452	481007
铁路、船舶、航空航天和其他运输设备制造业	257592	219584
电气机械和器材制造业	176010	120541
计算机、通信和其他电子设备制造业	675165	343206
仪器仪表制造业	60879	46065
其他制造业	46637	21121
废弃资源综合利用业	5170	8311
金属制品、机械和设备修理业	17348	7187
电力、热力、燃气及水生产和供应业	**118379**	**127266**
电力、热力生产和供应业	99384	100069
燃气生产和供应业	7997	11910
水的生产和供应业	10999	15288

2-8-8　分行业内资工业企业政府相关政策落实情况

单位：万元

行　　业	研究开发费用加计扣除减免税	高新技术企业减免税
合　计	**16954792**	**19786377**
采矿业	**307955**	**372357**
煤炭开采和洗选业	141195	147436
石油和天然气开采业	62019	4912
黑色金属矿采选业	25013	127957
有色金属矿采选业	32938	68893
非金属矿采选业	24369	17323
开采及其他辅助性活动	22373	5420
其他采矿业	48	416
制造业	**16498659**	**19275344**
农副食品加工业	214576	120710
食品制造业	192048	151303
酒、饮料和精制茶制造业	92296	47647
烟草制品业	3029	15332
纺织业	252324	149643
纺织服装、服饰业	86778	38625
皮革、毛皮、羽毛及其制品和制鞋业	55815	16254
木材加工和木、竹、藤、棕、草制品业	67989	63347
家具制造业	105701	96724
造纸和纸制品业	165248	114785
印刷和记录媒介复制业	114785	89633
文教、工美、体育和娱乐用品制造业	118309	72442
石油加工、炼焦和核燃料加工业	140044	144554
化学原料和化学制品制造业	1175216	1754844
医药制造业	994580	1677700
化学纤维制造业	85816	69022
橡胶和塑料制品业	488738	418916
非金属矿物制品业	730342	712562
黑色金属冶炼和压延加工业	772078	5238072
有色金属冶炼和压延加工业	503840	473988
金属制品业	617511	411816
通用设备制造业	1101046	992532
专用设备制造业	1125461	1103952
汽车制造业	839333	512422
铁路、船舶、航空航天和其他运输设备制造业	445509	321940
电气机械和器材制造业	1789742	1698468
计算机、通信和其他电子设备制造业	3628480	2321319
仪器仪表制造业	448365	372131
其他制造业	75716	38702
废弃资源综合利用业	45701	25330
金属制品、机械和设备修理业	22243	10630
电力、热力、燃气及水生产和供应业	**148178**	**138676**
电力、热力生产和供应业	115975	95148
燃气生产和供应业	13630	18242
水的生产和供应业	18573	25286

2-8-9　分行业港澳台商投资工业企业政府相关政策落实情况

单位：万元

行　　业	研究开发费用加计扣除减免税	高新技术企业减免税
合　计	**1807858**	**2249715**
采矿业	**16460**	**12058**
煤炭开采和洗选业	3583	
石油和天然气开采业	10563	581
黑色金属矿采选业	510	4986
有色金属矿采选业	1214	6033
非金属矿采选业	451	197
开采及其他辅助性活动	138	262
制造业	**1779179**	**2167196**
农副食品加工业	13236	10779
食品制造业	43990	42369
酒、饮料和精制茶制造业	8724	2851
纺织业	40433	44818
纺织服装、服饰业	14755	8727
皮革、毛皮、羽毛及其制品和制鞋业	7751	4589
木材加工和木、竹、藤、棕、草制品业	2183	2021
家具制造业	9452	17724
造纸和纸制品业	42069	115108
印刷和记录媒介复制业	12911	21626
文教、工美、体育和娱乐用品制造业	26981	15250
石油加工、炼焦和核燃料加工业	4403	20805
化学原料和化学制品制造业	86753	118182
医药制造业	173152	277298
化学纤维制造业	16193	13399
橡胶和塑料制品业	71936	110539
非金属矿物制品业	53436	106714
黑色金属冶炼和压延加工业	13771	56691
有色金属冶炼和压延加工业	18146	14096
金属制品业	59457	79565
通用设备制造业	72122	146081
专用设备制造业	119305	154641
汽车制造业	141942	124634
铁路、船舶、航空航天和其他运输设备制造业	19098	37621
电气机械和器材制造业	171021	206671
计算机、通信和其他电子设备制造业	480857	359397
仪器仪表制造业	45400	46619
其他制造业	4081	2145
废弃资源综合利用业	2868	5453
金属制品、机械和设备修理业	2753	785
电力、热力、燃气及水生产和供应业	**12218**	**70462**
电力、热力生产和供应业	8276	48364
燃气生产和供应业	2610	20555
水的生产和供应业	1332	1543

2-8-10 分行业外商投资工业企业政府相关政策落实情况

单位：万元

行　业	研究开发费用加计扣除减免税	高新技术企业减免税
合　计	**2154123**	**3003404**
采矿业	**6579**	**47413**
煤炭开采和洗选业	2526	
石油和天然气开采业	2301	32990
黑色金属矿采选业	10	
有色金属矿采选业	1194	7770
非金属矿采选业	346	4945
开采及其他辅助性活动	202	1708
制造业	**2136291**	**2942414**
农副食品加工业	22870	11510
食品制造业	43843	79245
酒、饮料和精制茶制造业	8897	4890
纺织业	20640	18623
纺织服装、服饰业	9253	1994
皮革、毛皮、羽毛及其制品和制鞋业	8253	14052
木材加工和木、竹、藤、棕、草制品业	1677	1379
家具制造业	10104	14577
造纸和纸制品业	15384	71500
印刷和记录媒介复制业	7098	15169
文教、工美、体育和娱乐用品制造业	11393	5719
石油加工、炼焦和核燃料加工业	3539	1636
化学原料和化学制品制造业	77023	174698
医药制造业	169404	300065
化学纤维制造业	6971	3922
橡胶和塑料制品业	44566	65191
非金属矿物制品业	36468	59121
黑色金属冶炼和压延加工业	24377	44492
有色金属冶炼和压延加工业	27845	17615
金属制品业	46785	51464
通用设备制造业	185820	293101
专用设备制造业	134330	174367
汽车制造业	520452	647410
铁路、船舶、航空航天和其他运输设备制造业	34368	68766
电气机械和器材制造业	157115	266208
计算机、通信和其他电子设备制造业	467211	467315
仪器仪表制造业	34991	58019
其他制造业	1816	1078
废弃资源综合利用业	1216	3026
金属制品、机械和设备修理业	2584	6263
电力、热力、燃气及水生产和供应业	**11253**	**13578**
电力、热力生产和供应业	4592	4546
燃气生产和供应业	5773	8859
水的生产和供应业	887	173

2-8-11 各地区工业企业政府相关政策落实情况

单位：万元

地 区	研究开发费用加计扣除减免税	高新技术企业减免税
全 国	**20916773**	**25039496**
东部地区	14174627	14826474
中部地区	4282318	3560578
西部地区	1841796	5911419
东北地区	618032	741025
北 京	408331	683937
天 津	281543	305212
河 北	477161	834458
山 西	262088	284186
内蒙古	124353	286345
辽 宁	313969	429827
吉 林	190831	233821
黑龙江	113232	77377
上 海	962033	768945
江 苏	2692980	3190736
浙 江	2526855	2449510
安 徽	905685	916450
福 建	549738	598044
江 西	625160	465597
山 东	1530815	1565813
河 南	588758	512065
湖 北	852316	623818
湖 南	1048310	758463
广 东	4702146	4378326
广 西	232233	4662496
海 南	43024	51493
重 庆	275337	85884
四 川	515232	263796
贵 州	73790	60674
云 南	101930	122791
西 藏	2378	1188
陕 西	268278	155186
甘 肃	68923	53324
青 海	24200	31482
宁 夏	48496	25254
新 疆	106646	163001

2-8-12 各地区大型工业企业政府相关政策落实情况

单位：万元

地 区	研究开发费用 加计扣除减免税	高新技术 企业减免税
全 国	**8886072**	**14422833**
东部地区	6182389	7171125
中部地区	1641766	1740407
西部地区	779342	5177590
东北地区	282575	333711
北 京	145228	231534
天 津	140769	140291
河 北	215011	474621
山 西	173683	204687
内 蒙 古	65906	174096
辽 宁	102707	174889
吉 林	127388	134384
黑 龙 江	52480	24437
上 海	450083	254859
江 苏	1022608	1374267
浙 江	719396	883617
安 徽	314631	486373
福 建	277377	333487
江 西	180644	182207
山 东	698940	847896
河 南	290442	269129
湖 北	371037	269252
湖 南	311330	328759
广 东	2509163	2604458
广 西	116654	4597721
海 南	3814	26096
重 庆	107596	26451
四 川	197550	85366
贵 州	26553	28425
云 南	30935	48660
陕 西	120320	59437
甘 肃	32379	27132
青 海	14211	17230
宁 夏	11067	8169
新 疆	56170	104905

2-8-13　各地区中型工业企业政府相关政策落实情况

单位：万元

地　区	研究开发费用 加计扣除减免税	高新技术 企业减免税
全　国	**5214377**	**6040940**
东部地区	3577377	4407568
中部地区	992275	966187
西部地区	504821	438735
东北地区	139905	228450
北　京	123244	291098
天　津	69790	90871
河　北	117310	208876
山　西	49029	53385
内蒙古	35776	79673
辽　宁	85077	141413
吉　林	33798	61745
黑龙江	21030	25292
上　海	234894	265339
江　苏	730077	986304
浙　江	763723	921662
安　徽	211408	208289
福　建	145011	188734
江　西	163127	140005
山　东	366501	432665
河　南	138951	138695
湖　北	182684	198565
湖　南	247076	227248
广　东	1003404	1006058
广　西	51676	38093
海　南	23422	15961
重　庆	82410	33617
四　川	157800	94842
贵　州	24678	19289
云　南	23796	44988
西　藏	893	47
陕　西	62597	47957
甘　肃	22147	15512
青　海	5771	13293
宁　夏	14203	9153
新　疆	23075	42271

2-8-14 各地区国有及国有控股工业企业政府相关政策落实情况

单位：万元

地 区	研究开发费用 加计扣除减免税	高新技术 企业减免税
全 国	**3944820**	**3985403**
东部地区	1892989	2168887
中部地区	1111896	1049351
西部地区	691158	531431
东北地区	248777	235734
北 京	146782	216454
天 津	53549	37757
河 北	81011	163356
山 西	153430	207137
内 蒙 古	35527	100884
辽 宁	83553	103008
吉 林	115128	109790
黑 龙 江	50097	22936
上 海	362525	173502
江 苏	268793	324911
浙 江	134218	144768
安 徽	197241	159067
福 建	92748	67487
江 西	87891	129608
山 东	345217	378802
河 南	148489	117485
湖 北	315378	208006
湖 南	209467	228048
广 东	404684	657665
广 西	78405	21972
海 南	3461	4185
重 庆	64839	15189
四 川	184832	103340
贵 州	31925	38049
云 南	36710	59605
西 藏	654	47
陕 西	141585	69040
甘 肃	40563	21086
青 海	16821	15524
宁 夏	7310	646
新 疆	51988	86049

2-8-15 各地区内资工业企业政府相关政策落实情况

单位：万元

地 区	研究开发费用加计扣除减免税	高新技术企业减免税
全 国	**16954792**	**19786377**
东部地区	10858428	10337440
中部地区	3904727	3095147
西部地区	1686069	5773187
东北地区	505569	580603
北 京	310895	443878
天 津	176293	183618
河 北	367906	590010
山 西	246662	265993
内蒙古	112696	284021
辽 宁	255516	316952
吉 林	140568	187569
黑龙江	109485	76082
上 海	512404	411628
江 苏	1989122	2167341
浙 江	2031740	1855770
安 徽	819881	736140
福 建	403312	368211
江 西	564421	422588
山 东	1297329	1305371
河 南	535546	468677
湖 北	773757	523764
湖 南	964461	677985
广 东	3737442	2976610
广 西	199960	4626490
海 南	31984	35004
重 庆	226159	65617
四 川	488640	250284
贵 州	71202	54820
云 南	95939	116784
西 藏	1618	180
陕 西	249520	148267
甘 肃	68346	48441
青 海	23441	15989
宁 夏	45306	24662
新 疆	103242	137633

2-8-16 各地区港澳台商投资工业企业政府相关政策落实情况

单位：万元

地区	研究开发费用加计扣除减免税	高新技术企业减免税
全国	**1807858**	**2249715**
东部地区	1572417	1987373
中部地区	157073	168012
西部地区	52276	31148
东北地区	26093	63182
北京	28758	67797
天津	26220	48270
河北	57286	140581
山西	3178	1031
内蒙古	3744	1651
辽宁	20458	55808
吉林	3891	7056
黑龙江	1744	318
上海	96497	104506
江苏	339851	434400
浙江	234564	261125
安徽	30870	50244
福建	97756	174477
江西	24293	22915
山东	111010	91400
河南	29785	30050
湖北	22553	30128
湖南	46394	33644
广东	571349	660495
广西	7964	7974
海南	9127	4323
重庆	18161	7257
四川	11218	4847
贵州	1514	220
云南	4690	678
陕西	2392	651
甘肃	518	4872
宁夏	1661	
新疆	414	2998

2-8-17 各地区外商投资工业企业政府相关政策落实情况

单位：万元

地区	研究开发费用加计扣除减免税	高新技术企业减免税
全国	**2154123**	**3003404**
东部地区	1743783	2501661
中部地区	220517	297419
西部地区	103452	107084
东北地区	86371	97240
北京	68678	172263
天津	79030	73324
河北	51969	103868
山西	12249	17162
内蒙古	7912	673
辽宁	37995	57066
吉林	46373	39197
黑龙江	2003	977
上海	353132	252810
江苏	364008	588995
浙江	260551	332615
安徽	54935	130066
福建	48671	55356
江西	36446	20094
山东	122476	169042
河南	23426	13337
湖北	56006	69926
湖南	37455	46834
广东	393355	741221
广西	24309	28032
海南	1913	12167
重庆	31018	13010
四川	15374	8665
贵州	1074	5634
云南	1301	5328
西藏	760	1008
陕西	16367	6267
甘肃	60	11
青海	759	15493
宁夏	1529	591
新疆	2991	22371

第二部分
工业企业研发活动情况

9
工业企业技术获取和技术改造情况
(2021)

2-9-1 分登记注册类型工业企业技术获取和技术改造情况

单位：万元

登记注册类型	引进技术经费支出	消化吸收经费支出	购买境内技术经费支出	技术改造经费支出
合　计	**5077563**	**808990**	**4642926**	**38442352**
国有及国有控股	**3050467**	**649834**	**1684024**	**18748607**
内资企业	**1634853**	**98733**	**4102424**	**32026605**
国有企业	52625	4	292739	1110112
集体企业			173	16455
股份合作企业	1		68	12147
联营企业				4415
其他联营企业				5
有限责任公司	282465	34451	1559119	13351865
国有独资公司	48516	7969	152885	3788218
其他有限责任公司	233949	26482	1406233	9563647
股份有限公司	301283	26129	630146	9038962
私营企业	998227	38149	1614626	8489354
私营独资企业	235		5514	44465
私营合伙企业			633	4493
私营有限责任公司	931094	19825	1421494	7164611
私营股份有限公司	66898	18325	186985	1275785
其他企业	252		5554	3295
港、澳、台商投资企业	**70321**	**8423**	**190503**	**2878163**
合资经营企业	16445	4656	72089	942795
合作经营企业			56	7996
港、澳、台商独资经营企业	35989	610	84385	1366809
港、澳、台商投资股份有限公司	14760	3156	31732	522453
其他港、澳、台投资企业	3128		2241	38109
外商投资企业	**3372389**	**701834**	**349999**	**3537583**
中外合资经营企业	2894509	667882	127446	2158961
中外合作经营企业	1355		3260	44378
外资企业	463852	33952	187198	1096123
外商投资股份有限公司	12155		31929	235354
其他外商投资企业	519		168	2768

2-9-2 分登记注册类型大型工业企业技术获取和技术改造情况

单位：万元

登记注册类型	引进技术经费支出	消化吸收经费支出	购买境内技术经费支出	技术改造经费支出
合　计	**4641255**	**696701**	**3352816**	**26527690**
国有及国有控股	**2991057**	**645257**	**1087625**	**15987920**
内资企业	**1487783**	**67263**	**2948198**	**22014786**
国有企业	52625		291869	946086
股份合作企业			68	8194
有限责任公司	243870	26484	830234	9725539
国有独资公司	46445	7969	134109	3503517
其他有限责任公司	197425	18515	696125	6222022
股份有限公司	270612	17565	556914	8051739
私营企业	920677	23214	1269114	3275771
私营独资企业	176		374	20740
私营有限责任公司	888501	14074	1142290	2701992
私营股份有限公司	32000	9140	126451	553038
港、澳、台商投资企业	**33027**	**6240**	**144462**	**1846384**
合资经营企业	5887	3848	62559	495805
合作经营企业				471
港、澳、台商独资经营企业	21349	236	59394	911243
港、澳、台商投资股份有限公司	5770	2156	22504	409841
其他港、澳、台投资企业	22		5	29024
外商投资企业	**3120445**	**623198**	**260157**	**2666521**
中外合资经营企业	2792483	609557	74408	1757998
中外合作经营企业	1355		1424	25375
外资企业	314669	13641	157851	722748
外商投资股份有限公司	11939		26475	160210
其他外商投资企业				191

2-9-3 分登记注册类型中型工业企业技术获取和技术改造情况

单位：万元

登记注册类型	引进技术经费支出	消化吸收经费支出	购买境内技术经费支出	技术改造经费支出
合　计	**309699**	**92806**	**653216**	**6795947**
国有及国有控股	**46357**	**4578**	**335657**	**1752515**
内资企业	**90894**	**22372**	**575280**	**5377191**
国有企业		4	410	124116
集体企业				2587
股份合作企业	1			832
有限责任公司	16594	4864	374184	2120632
国有独资公司	1624		16064	185360
其他有限责任公司	14970	4864	358120	1935273
股份有限公司	27127	8511	58713	803706
私营企业	47172	8993	141974	2323091
私营独资企业				5048
私营合伙企业				426
私营有限责任公司	19304	254	107487	1852069
私营股份有限公司	27868	8739	34487	465547
港、澳、台商投资企业	**22284**	**850**	**32871**	**764415**
合资经营企业	3466		6333	336049
合作经营企业				6498
港、澳、台商独资经营企业	10358	350	18931	325867
港、澳、台商投资股份有限公司	8439	500	7558	96001
其他港、澳、台投资企业	22		50	
外商投资企业	**196520**	**69584**	**45065**	**654342**
中外合资经营企业	71489	51312	28745	311755
中外合作经营企业				16408
外资企业	124816	18272	15812	273552
外商投资股份有限公司	216		508	51076
其他外商投资企业				1550

2-9-4 分行业工业企业技术获取和技术改造情况

单位：万元

行业	引进技术经费支出	消化吸收经费支出	购买境内技术经费支出	技术改造经费支出
合计	**5077563**	**808990**	**4642926**	**38442352**
采矿业	**1111**	**934**	**7154**	**1236755**
煤炭开采和洗选业	1111	934	2856	938365
石油和天然气开采业				8473
黑色金属矿采选业			1088	88531
有色金属矿采选业			1552	111467
非金属矿采选业			1655	33255
开采辅助活动			3	56665
制造业	**5071525**	**802095**	**4480689**	**34839382**
农副食品加工业	1528	357	10957	259230
食品制造业	12502	556	72683	325427
酒、饮料和精制茶制造业	5339	474	28591	865354
烟草制品业	43320		223059	993507
纺织业	8886	4409	17329	370745
纺织服装、服饰业	6824	1659	21760	75400
皮革、毛皮、羽毛及其制品和制鞋业			499	27177
木材加工和木、竹、藤、棕、草制品业	304	10	1621	59056
家具制造业	358		10061	118614
造纸和纸制品业	6325	3177	6557	274091
印刷和记录媒介复制业	13408	341	19805	262025
文教、工美、体育和娱乐用品制造业	3760	2122	13062	149496
石油加工、炼焦和核燃料加工业	1608	727	10731	1611130
化学原料和化学制品制造业	91603	2268	79656	2647725
医药制造业	141368	13815	357396	1337537
化学纤维制造业	90165		6002	137950
橡胶和塑料制品业	68713	690	26916	1014681
非金属矿物制品业	14207	1407	49929	1009545
黑色金属冶炼和压延加工业	139376	9716	733225	8088340
有色金属冶炼和压延加工业	26928	26	49570	1226041
金属制品业	22457	1650	57257	1003593
通用设备制造业	139833	23146	128604	1288869
专用设备制造业	26599	68941	56610	905863
汽车制造业	2923452	625926	276115	2268567
铁路、船舶、航空航天和其他运输设备制造业	72735	5100	343240	1108414
电气机械和器材制造业	220986	20741	332346	2070137
计算机、通信和其他电子设备制造业	965978	14608	1517149	4933262
仪器仪表制造业	19681	138	26871	242924
其他制造业	3261		149	89360
废弃资源综合利用业			2481	65895
金属制品、机械和设备修理业	24	92	455	9427
电力、热力、燃气及水生产和供应业	**4926**	**5961**	**155083**	**2366215**
电力、热力生产和供应业	4896	5961	151813	2097327
燃气生产和供应业	30		1565	52025
水的生产和供应业			1706	216863

2-9-5 分行业大型工业企业技术获取和技术改造情况

单位：万元

行业	引进技术经费支出	消化吸收经费支出	购买境内技术经费支出	技术改造经费支出
合 计	**4641255**	**696701**	**3352816**	**26527690**
采矿业	**1111**	**934**	**3472**	**1089728**
煤炭开采和洗选业	1111	934	2028	872489
石油和天然气开采业				4135
黑色金属矿采选业			1024	78369
有色金属矿采选业			420	73681
非金属矿采选业				4390
开采辅助活动				56665
制造业	**4640144**	**689806**	**3242620**	**23967892**
农副食品加工业	450	245	1756	41505
食品制造业	7084	55	56925	131664
酒、饮料和精制茶制造业	4992	212	23572	799855
烟草制品业	43320		222975	978835
纺织业	1100		12666	84168
纺织服装、服饰业	830	1659	3918	17456
皮革、毛皮、羽毛及其制品和制鞋业			63	6312
木材加工和木、竹、藤、棕、草制品业				7291
家具制造业			7714	66463
造纸和纸制品业	2884	2732	2327	89129
印刷和记录媒介复制业			11160	86206
文教、工美、体育和娱乐用品制造业	1982	1242	2171	54128
石油加工、炼焦和核燃料加工业	1608	727	10445	1523537
化学原料和化学制品制造业	64183	749	27295	1316492
医药制造业	134164	13814	244924	670690
化学纤维制造业	90009		4998	87902
橡胶和塑料制品业	58875	186	6211	548070
非金属矿物制品业	3749	427	17832	363784
黑色金属冶炼和压延加工业	130953	9716	538650	7543805
有色金属冶炼和压延加工业	24747	26	28398	917981
金属制品业	873	8	22682	449166
通用设备制造业	74984	20980	72710	504573
专用设备制造业	3136	973	29531	368471
汽车制造业	2822267	613944	209942	1528186
铁路、船舶、航空航天和其他运输设备制造业	64769	4593	83266	947612
电气机械和器材制造业	177434	15507	259007	1294918
计算机、通信和其他电子设备制造业	907719	2011	1334306	3353756
仪器仪表制造业	14772		6701	91549
其他制造业	3261		24	67066
废弃资源综合利用业				22531
金属制品、机械和设备修理业			455	4791
电力、热力、燃气及水生产和供应业		**5961**	**106724**	**1470071**
电力、热力生产和供应业		5961	106724	1247418
燃气生产和供应业				31093
水的生产和供应业				191560

2-9-6　分行业中型工业企业技术获取和技术改造情况

单位：万元

行　业	引进技术经费支出	消化吸收经费支出	购买境内技术经费支出	技术改造经费支出
合　计	**309699**	**92806**	**653216**	**6795947**
采矿业			**1365**	**108780**
煤炭开采和洗选业			772	56190
黑色金属矿采选业			64	707
有色金属矿采选业			95	32464
非金属矿采选业			434	19419
开采辅助活动				
制造业	**307856**	**92806**	**628882**	**6098403**
农副食品加工业	863		3830	87492
食品制造业	4967	500	2838	73671
酒、饮料和精制茶制造业		251	3419	27856
烟草制品业				1328
纺织业	2842	402	2535	160017
纺织服装、服饰业	5993		17400	46249
皮革、毛皮、羽毛及其制品和制鞋业			283	4993
木材加工和木、竹、藤、棕、草制品业	63		1289	22567
家具制造业			585	38744
造纸和纸制品业	1795		73	116149
印刷和记录媒介复制业	13201		6845	89087
文教、工美、体育和娱乐用品制造业	878		7075	35739
石油加工、炼焦和核燃料加工业			217	63079
化学原料和化学制品制造业	13394	1262	24016	886761
医药制造业	6682		69830	493360
化学纤维制造业			156	32934
橡胶和塑料制品业	4326		8246	210229
非金属矿物制品业	5483		9591	314256
黑色金属冶炼和压延加工业	141		6700	189157
有色金属冶炼和压延加工业	2182		540	139945
金属制品业	17927	1626	21069	322238
通用设备制造业	54392	1569	16913	425941
专用设备制造业	14878	67744	10788	253597
汽车制造业	78211	5398	36337	454538
铁路、船舶、航空航天和其他运输设备制造业	3154	75	249483	92259
电气机械和器材制造业	37787	5184	40027	442473
计算机、通信和其他电子设备制造业	34876	8795	72573	976242
仪器仪表制造业	3823		16171	79213
其他制造业			50	11618
废弃资源综合利用业				5231
金属制品、机械和设备修理业				1443
电力、热力、燃气及水生产和供应业	**1842**		**22969**	**588764**
电力、热力生产和供应业	1812		21406	553638
燃气生产和供应业	30		1563	19867
水的生产和供应业				15259

2-9-7 分行业国有及国有控股工业企业技术获取和技术改造情况

单位：万元

行　业	引进技术经费支出	消化吸收经费支出	购买境内技术经费支出	技术改造经费支出
合　计	**3050467**	**649834**	**1684024**	**18748607**
采矿业	**1111**	**934**	**5739**	**1134027**
煤炭开采和洗选业	1111	934	2800	868857
石油和天然气开采业				4135
黑色金属矿采选业			1087	78948
有色金属矿采选业			1167	103330
非金属矿采选业			684	23092
开采辅助活动				55665
制造业	**3047513**	**642939**	**1529907**	**15349946**
农副食品加工业			1385	40575
食品制造业		55	3889	36760
酒、饮料和精制茶制造业	3385	240	24483	777352
烟草制品业	43320		222975	991853
纺织业			3761	28439
纺织服装、服饰业	830	1659	2665	5229
皮革、毛皮、羽毛及其制品和制鞋业				
木材加工和木、竹、藤、棕、草制品业			72	11723
家具制造业				322
造纸和纸制品业				22249
印刷和记录媒介复制业	1200		11596	55048
文教、工美、体育和娱乐用品制造业	57	1242		370
石油加工、炼焦和核燃料加工业	903	407	9633	1354136
化学原料和化学制品制造业	16901	749	30463	1336399
医药制造业	8378	10096	47886	109140
化学纤维制造业	6200		36	50128
橡胶和塑料制品业	5500		2708	84569
非金属矿物制品业			12390	240266
黑色金属冶炼和压延加工业	53380	2081	483131	5566411
有色金属冶炼和压延加工业	710	26	5906	928930
金属制品业	6740	8	27004	194959
通用设备制造业	64299	6530	31183	323810
专用设备制造业	365	4197	26699	229903
汽车制造业	2754906	607140	206109	1255990
铁路、船舶、航空航天和其他运输设备制造业	53591	745	323780	945878
电气机械和器材制造业	4616	5759	10612	144253
计算机、通信和其他电子设备制造业	18247	2005	39761	501911
仪器仪表制造业	724		1301	33710
其他制造业	3261		24	73334
废弃资源综合利用业				2574
金属制品、机械和设备修理业			455	3725
电力、热力、燃气及水生产和供应业	**1842**	**5961**	**148378**	**2264635**
电力、热力生产和供应业	1812	5961	147868	2014579
燃气生产和供应业	30		510	46262
水的生产和供应业				203794

2-9-8 分行业内资工业企业技术获取和技术改造情况

单位：万元

行业	引进技术经费支出	消化吸收经费支出	购买境内技术经费支出	技术改造经费支出
合 计	**1634853**	**98733**	**4102424**	**32026605**
采矿业	**1111**	**934**	**7154**	**1185681**
煤炭开采和洗选业	1111	934	2856	890793
石油和天然气开采业				5635
黑色金属矿采选业			1088	88531
有色金属矿采选业			1552	111467
非金属矿采选业			1655	32590
开采辅助活动			3	56665
制造业	**1631899**	**91838**	**3949545**	**28679592**
农副食品加工业	475	357	10494	241539
食品制造业	449	56	16922	202966
酒、饮料和精制茶制造业	5018	461	27452	856137
烟草制品业	43320		223059	993507
纺织业	4134	4150	6407	250707
纺织服装、服饰业	6824	1659	20499	63820
皮革、毛皮、羽毛及其制品和制鞋业			458	19997
木材加工和木、竹、藤、棕、草制品业	304	10	1621	51955
家具制造业	13		9203	83303
造纸和纸制品业	6310	3177	5441	204627
印刷和记录媒介复制业	13201	341	19552	198187
文教、工美、体育和娱乐用品制造业	282	1618	10835	108265
石油加工、炼焦和核燃料加工业	1608	727	10734	1406894
化学原料和化学制品制造业	70325	2093	78623	2529204
医药制造业	138587	12352	203594	924206
化学纤维制造业	90165		5693	115801
橡胶和塑料制品业	7612	436	22256	765981
非金属矿物制品业	5195	441	48017	834313
黑色金属冶炼和压延加工业	138540	9716	733221	8004146
有色金属冶炼和压延加工业	24747	26	29684	1168885
金属制品业	15668	1649	54245	765444
通用设备制造业	40017	7727	81793	1113143
专用设备制造业	8612	9970	47582	751361
汽车制造业	51974	5488	226824	1209403
铁路、船舶、航空航天和其他运输设备制造业	50152	1009	326915	1081013
电气机械和器材制造业	29274	15064	271608	1577997
计算机、通信和其他电子设备制造业	875018	13083	1436026	2802537
仪器仪表制造业	791	138	18303	205222
其他制造业	3261		149	84128
废弃资源综合利用业			1881	58727
金属制品、机械和设备修理业	24	92	455	6178
电力、热力、燃气及水生产和供应业	**1842**	**5961**	**145725**	**2161332**
电力、热力生产和供应业	1812	5961	145215	1912360
燃气生产和供应业	30		510	44171
水的生产和供应业				204802

2-9-9 分行业港澳台商投资工业企业技术获取和技术改造情况

单位：万元

行业	引进技术经费支出	消化吸收经费支出	购买境内技术经费支出	技术改造经费支出
合 计	**70321**	**8423**	**190503**	**2878163**
采矿业				**47347**
煤炭开采和洗选业				47347
制造业	**67237**	**8423**	**185644**	**2678591**
农副食品加工业			433	10090
食品制造业	7047	500	8768	57066
酒、饮料和精制茶制造业			757	4774
纺织业	11		1319	66409
纺织服装、服饰业			471	7095
皮革、毛皮、羽毛及其制品和制鞋业			41	6272
木材加工和木、竹、藤、棕、草制品业				6261
家具制造业			551	33376
造纸和纸制品业	15		1113	65602
印刷和记录媒介复制业			85	34447
文教、工美、体育和娱乐用品制造业	1378	500	1091	24703
石油加工、炼焦和核燃料加工业				123845
化学原料和化学制品制造业	6412		568	57832
医药制造业	1828	1463	45729	340367
化学纤维制造业				20104
橡胶和塑料制品业	1782		2875	173561
非金属矿物制品业	5433		1549	142551
黑色金属冶炼和压延加工业				45362
有色金属冶炼和压延加工业			1367	38758
金属制品业	1754	1	2015	93374
通用设备制造业	2880	390	7578	68888
专用设备制造业	2249	693	1522	74690
汽车制造业	5540		8361	118755
铁路、船舶、航空航天和其他运输设备制造业	11709	3848	10127	5787
电气机械和器材制造业	1078	236	48393	260010
计算机、通信和其他电子设备制造业	16427	791	36404	773066
仪器仪表制造业	1696		3927	12070
其他制造业				3492
废弃资源综合利用业			600	7168
金属制品、机械和设备修理业				2817
电力、热力、燃气及水生产和供应业	**3084**		**4859**	**152225**
电力、热力生产和供应业	3084		4761	151301
燃气生产和供应业				153
水的生产和供应业			98	771

2-9-10 分行业外商投资工业企业技术获取和技术改造情况

单位：万元

行业	引进技术经费支出	消化吸收经费支出	购买境内技术经费支出	技术改造经费支出
合 计	**3372389**	**701834**	**349999**	**3537583**
采矿业				**3727**
煤炭开采和洗选业				225
石油和天然气开采业				2837
黑色金属矿采选业				
非金属矿采选业				665
开采辅助活动				
制造业	**3372389**	**701834**	**345501**	**3481199**
农副食品加工业	1053		30	7600
食品制造业	5006		46994	65395
酒、饮料和精制茶制造业	321	14	382	4443
烟草制品业				
纺织业	4742	260	9604	53629
纺织服装、服饰业			789	4485
皮革、毛皮、羽毛及其制品和制鞋业				908
木材加工和木、竹、藤、棕、草制品业				841
家具制造业	345		308	1935
造纸和纸制品业			3	3862
印刷和记录媒介复制业	207		169	29391
文教、工美、体育和娱乐用品制造业	2100	4	1136	16528
石油加工、炼焦和核燃料加工业				80390
化学原料和化学制品制造业	14866	175	465	60689
医药制造业	953		108073	72964
化学纤维制造业			309	2045
橡胶和塑料制品业	59319	253	1786	75139
非金属矿物制品业	3579	967	363	32681
黑色金属冶炼和压延加工业	835		4	38832
有色金属冶炼和压延加工业	2182		18518	18399
金属制品业	5035		998	144775
通用设备制造业	96936	15029	39232	106838
专用设备制造业	15739	58278	7506	79813
汽车制造业	2865937	620438	40930	940410
铁路、船舶、航空航天和其他运输设备制造业	10874	243	6199	21614
电气机械和器材制造业	190634	5441	12345	232130
计算机、通信和其他电子设备制造业	74533	734	44719	1357659
仪器仪表制造业	17194		4641	25632
其他制造业				1740
金属制品、机械和设备修理业				431
电力、热力、燃气及水生产和供应业			**4499**	**52657**
电力、热力生产和供应业			1836	33666
燃气生产和供应业			1055	7701
水的生产和供应业			1608	11290

2-9-11 各地区工业企业技术获取和技术改造情况

单位：万元

地区	引进技术经费支出	消化吸收经费支出	购买境内技术经费支出	技术改造经费支出
全国	**5077563**	**808990**	**4642926**	**38442352**
东部地区	4039286	769587	3092051	20866451
中部地区	139500	23955	555772	8970931
西部地区	320250	15064	556440	6640213
东北地区	578527	384	438663	1964757
北京	94104	58200	255270	273207
天津	42189	3	29509	363723
河北	4387	1660	140518	979088
山西	1802	937	8905	914069
内蒙古			19825	368702
辽宁	52236	58	220496	1306288
吉林	523189		194557	386165
黑龙江	3102	326	23610	272304
上海	1472812	632843	356638	1501674
江苏	431978	16670	256145	4496714
浙江	121987	4362	180457	2423458
安徽	22463	8631	165425	2643079
福建	26219	19774	196381	1662429
江西	13261	2171	57429	974141
山东	172831	9102	144568	2997797
河南	19879	834	41765	1277019
湖北	23405	6325	31826	1805338
湖南	58691	5058	250422	1357285
广东	1672779	26974	1527700	6126963
广西	2989	5961	150748	718808
海南			4865	41399
重庆	223761	6064	22645	635349
四川	42054	2082	79003	1567248
贵州	3968	194	11598	908263
云南	35756		228868	562206
西藏			1624	1269
陕西	6022	294	21629	500775
甘肃	6	8	12916	652395
青海			227	24133
宁夏	319	55	5894	424578
新疆	5375	407	1464	276488

2-9-12　各地区大型工业企业技术获取和技术改造情况

单位：万元

地　区	引进技术经费支出	消化吸收经费支出	购买境内技术经费支出	技术改造经费支出
全　国	**4641255**	**696701**	**3352816**	**26527690**
东部地区	3676921	672028	2278868	13218093
中部地区	107882	14052	371395	6676565
西部地区	295219	10294	476454	5111002
东北地区	561233	326	226099	1522030
北　京	63373		1268	232521
天　津	27414		21371	278062
河　北	1811	1659	102631	727308
山　西	1656	934	6906	805396
内蒙古			18410	236071
辽　宁	39555		19901	915917
吉　林	520018		188316	363329
黑龙江	1661	326	17882	242784
上　海	1431276	626455	309177	1228288
江　苏	334087	10173	137114	2846815
浙　江	70358		85390	914264
安　徽	14155	6302	87200	1971166
福　建	10516	10424	163101	1188212
江　西	12989	1770	45139	681270
山　东	154839	8425	90588	2071503
河　南	17087		16486	1042322
湖　北	19367		8408	1419499
湖　南	42629	5046	207257	756913
广　东	1583246	14892	1368093	3706826
广　西	2760	5961	144536	529427
海　南			134	24294
重　庆	211309	1852	4165	434314
四　川	31809	2001	47878	1197990
贵　州	3764		7498	757068
云　南	35756		225595	459951
陕　西	4366	75	10132	324798
甘　肃			12331	621944
青　海				20341
宁　夏	319		5543	326027
新　疆	5136	407	367	203072

2-9-13 各地区中型工业企业技术获取和技术改造情况

单位：万元

地　区	引进技术经费支出	消化吸收经费支出	购买境内技术经费支出	技术改造经费支出
全　国	**309699**	**92806**	**653216**	**6795947**
东部地区	262910	82186	516874	4581204
中部地区	24244	6384	74752	1155421
西部地区	14364	4236	48046	975753
东北地区	8181		13544	83569
北　京	21504	57992	250185	27146
天　津	11146		4493	53835
河　北	2102		17710	159080
山　西	117		788	87882
内蒙古			1200	89829
辽　宁	4115		6475	46038
吉　林	2695		6069	16368
黑龙江	1370		1001	21163
上　海	34880	6353	23482	158904
江　苏	69371	1299	49165	1062340
浙　江	40217	2385	42149	942142
安　徽	3480		17017	341279
福　建	12633	8886	20631	269995
江　西	2		6687	162578
山　东	12060	562	20255	539629
河　南	2533	834	18261	126685
湖　北	2052	5547	6191	147643
湖　南	16060	3	25809	289354
广　东	58997	4710	84684	1354587
广　西	190		4833	123334
海　南			4122	13546
重　庆	3467	4197	15015	115890
四　川	9363	30	22015	261463
贵　州			2055	101815
云　南			25	31996
西　藏				678
陕　西	1099		2393	118880
甘　肃	6	8	346	13271
青　海				20
宁　夏				74877
新　疆	239		164	43700

2-9-14 各地区国有及国有控股工业企业技术获取和技术改造情况

单位：万元

地区	引进技术经费支出	消化吸收经费支出	购买境内技术经费支出	技术改造经费支出
全国	**3050467**	**649834**	**1684024**	**18748607**
东部地区	2162928	630823	756213	6438525
中部地区	68356	6257	183967	5692286
西部地区	287220	12428	339297	4923301
东北地区	531963	326	404547	1694495
北京	54664		248697	259669
天津	724		12154	152061
河北	752	1659	12046	482228
山西	1228	934	6624	658422
内蒙古			18457	317103
辽宁	8597		212758	1116032
吉林	520465		188396	366307
黑龙江	2901	326	3393	212157
上海	1457885	626592	340985	1328773
江苏	13796	287	26480	1047405
浙江	2897		8909	308462
安徽	11023	3384	73346	1526076
福建	4325	803	11662	721039
江西	12821	1765	40088	632906
山东	22716		32053	1016267
河南	10116		24419	846544
湖北	19112		10156	1343546
湖南	14057	174	29335	684793
广东	605169	1482	63033	1094263
广西		5961	129734	535558
海南			195	28361
重庆	201632	4197	6740	429230
四川	35436	1789	60515	1003232
贵州	3764		9020	830352
云南	35756		83537	320991
西藏				870
陕西	5257	75	12029	360101
甘肃			12459	645734
青海			17	18502
宁夏			5543	311873
新疆	5375	407	1248	149754

2-9-15 各地区内资工业企业技术获取和技术改造情况

单位：万元

地区	引进技术经费支出	消化吸收经费支出	购买境内技术经费支出	技术改造经费支出
全国	**1634853**	**98733**	**4102424**	**32026605**
东部地区	1416728	66888	2586877	15716882
中部地区	67606	18561	541265	8087323
西部地区	103366	12958	536974	6289478
东北地区	47153	326	437308	1932921
北京	3855		252084	255702
天津	724		27433	352197
河北	1225	1660	23012	921587
山西	1715	937	8905	907626
内蒙古			19823	358555
辽宁	8194		219376	1275521
吉林	35857		194321	385435
黑龙江	3102	326	23610	271965
上海	77136	18921	325558	979117
江苏	257021	14534	191520	3337953
浙江	55134	1873	143821	2089197
安徽	16824	8631	160113	2204262
福建	18470	19524	140253	1124645
江西	13103	2148	55545	856566
山东	150166	7633	117153	2717444
河南	19879	834	40707	1258797
湖北	6418	5825	26715	1728097
湖南	9667	187	249280	1131976
广东	852996	2744	1361180	3918741
广西	39	5961	135932	598077
海南			4865	20299
重庆	11976	4201	18037	551870
四川	40141	2057	79003	1501228
贵州	3968	194	11598	888106
云南	35756		228868	557742
西藏			1624	1269
陕西	5786	76	21588	463318
甘肃	6	8	12916	652395
青海			227	19978
宁夏	319	55	5894	420576
新疆	5375	407	1464	276364

2-9-16 各地区港澳台商投资工业企业技术获取和技术改造情况

单位：万元

地 区	引进技术经费支出	消化吸收经费支出	购买境内技术经费支出	技术改造经费支出
全 国	**70321**	**8423**	**190503**	**2878163**
东部地区	67502	7900	187217	2145873
中部地区	656	523	1278	599746
西部地区	1930		914	115036
东北地区	233		1094	17508
北 京	1238		46	12388
天 津	3136		1587	9265
河 北	1061			37592
山 西				40
内 蒙 古			2	7461
辽 宁	233		1094	17225
吉 林				
黑 龙 江				283
上 海	1167	350	7119	35912
江 苏	19517	768	28798	373265
浙 江	14698	500	13330	186917
安 徽			103	340553
福 建	3754	236	44016	318311
江 西	156	23	584	56257
山 东	3041	1463	24357	147875
河 南			30	11507
湖 北	500	500	535	52249
湖 南			26	139140
广 东	19891	4582	67965	1003249
广 西	148			12583
海 南				21100
重 庆			912	8346
四 川	1782			47913
贵 州				19330
云 南				4432
陕 西				14847
新 疆				124

2-9-17　各地区外商投资工业企业技术获取和技术改造情况

单位：万元

地　　区	引进技术经费支出	消化吸收经费支出	购买境内技术经费支出	技术改造经费支出
全　　国	**3372389**	**701834**	**349999**	**3537583**
东部地区	2555056	694799	317957	3003696
中部地区	71239	4871	13229	283862
西部地区	214954	2106	18552	235699
东北地区	531141	58	261	14327
北　　京	89012	58200	3140	5117
天　　津	38329	3	490	2261
河　　北	2100		117506	19909
山　　西	87			6403
内 蒙 古				2687
辽　　宁	43809	58	26	13542
吉　　林	487331		236	730
黑 龙 江				56
上　　海	1394509	613571	23961	486645
江　　苏	155440	1368	35828	785496
浙　　江	52156	1989	23306	147344
安　　徽	5638		5210	98264
福　　建	3995	15	12111	219473
江　　西	2		1300	61319
山　　东	19624	6	3059	132478
河　　南			1028	6716
湖　　北	16487		4576	24992
湖　　南	49024	4871	1115	86169
广　　东	799892	19648	98556	1204973
广　　西	2802		14816	108147
重　　庆	211785	1863	3696	75133
四　　川	132	25		18106
贵　　州				826
云　　南				33
陕　　西	236	218	40	22610
青　　海				4155
宁　　夏				4002

附录　主要指标解释

主要指标解释

研究与试验发展(R&D) 指为增加知识存量（也包括有关人类、文化和社会的知识）以及设计已有知识的新应用而进行的创造性、系统性工作，包括基础研究、应用研究和试验发展三种类型。国际上通常采用R&D活动的规模和强度指标反映一国的科技实力和核心竞争力。

R&D人员 指报告期R&D活动单位中从事基础研究、应用研究和试验发展活动的人员。包括直接参加上述三类R&D活动的人员，以及与上述三类R&D活动相关的管理人员和直接服务人员，即直接为R&D活动提供资料文献、材料供应、设备维护等服务的人员。不包括为R&D活动提供间接服务的人员，如餐饮服务、安保人员等。

R&D人员全时当量 指报告期R&D人员按实际从事R&D活动时间计算的工作量，以“人年”为计量单位。为国际上比较科技人力投入而制定的可比指标。

R&D经费支出 指报告期调查单位内部为实施R&D活动而实际发生的全部经费，按支出性质分为日常性支出和资产性支出。不包括调查单位委托其他单位或与其他单位合作开展R&D活动而转拨给其他单位的全部经费。

R&D经费支出中政府资金 指R&D经费支出中来自于各级政府财政的各类资金，包括财政科学技术支出和财政其他功能支出的资金用于R&D活动的实际支出。

R&D经费支出中企业资金 指R&D经费支出中来自于企业的各类资金。对企业而言，企业资金指企业自有资金、接受其他企业委托开展R&D活动而获得的资金，以及从金融机构贷款获得的开展R&D活动的资金；对科研院所、高校等事业单位而言，企业资金是指因接受从企业委托开展R&D活动而获得的各类资金。

新产品销售收入 指报告期企业销售新产品实现的销售收入。新产品是指采用新技术原理、新设计构思研制、生产的全新产品，或在结构、材质、工艺等某一方面比原有产品有明显改进，从而显著提高了产品性能或扩大了使用功能的产品。既包括经政府有关部门认定并在有效期内的新产品，也包括企业自行研制开发，未经政府有关部门认定，从投产之日起一年之内的新产品。

技术改造经费支出 指报告期内企业进行技术改造而发生的费用支出。技术改造指企业在坚持科技进步的前提下，将科技成果应用于生产的各个领域（产品、设备、工艺等），用先进工艺、设备代替落后工艺、设备，实现以内涵为主的扩大再生产，从而提高产品质量、促进产品更新换代、节约能源、降低消耗，全面提高综合经济效益。

购买境内技术经费支出 指报告期内企业购买境内其他单位科技成果的经费支出。包括购买产品设计、工艺流程、图纸、配方、专利、技术诀窍及设备的费用支出。

引进境外技术经费支出 指报告期内企业用于购买国外或港澳台技术的费用支出，包括产品设计、工艺流程、图纸、配方、专利等技术资料的费用支出，以及购买设备、仪器、样机和样件等的费用支出。

引进境外技术的消化吸收经费支出 指报告期内企业引进国外或港澳台技术的消化吸收经费支出。引进技术的消化吸收指对引进技术的掌握、应用、复制而开展的工作，以及在此基础上的创新。引进技术的消化吸收经费支出包括：人员培训费、测绘费、参加消化吸收人员的工资、工装、工艺开发费、必备的配套设备费、翻版费等。

主要指标解释